JN216223

麻ひもで編むバッグ

A

B

C

D

E

F

G

H

I

J

K

L

M

N

O

P

Q

R

S

T

U

V

W

X

Y

カラーバリエーションも豊富に揃った麻ひもで、バッグを編んでみませんか？
シンプルなこま編みで編むマルシェバッグから爽やかな模様のグラニーバッグ、
ころんとした小さなバッグやビッグサイズのショルダーバッグまで、
様々なデザインのバッグを集めました。
麻ひもと異素材の糸を引き揃えて編むバッグは、色がミックスされて新しい色が生まれます。
同じ目数、段数でも大きく編めて、その上ソフトな肌触りになるのも魅力的。
あなたも好きな色を組み合わせて、オリジナルバッグを作ってください。

Contents

1. 麻ひもで編むバッグ

A.　ボーダーのかごバッグ ……… p.7
B.　ショルダートート ……… p.8
C.　バイカラーのスクエアバッグ ……… p.9
D.　引き上げ編みのバッグ ……… p.10・11
E.F.　スカラップとクローバーの
　　縁飾りバッグ ……… p.12・13
G.　玉編み模様のマルシェバッグ ……… p.14・15
H.　パイナップル模様のバッグ ……… p.16・17
I.　ラウンド型の透かし編みバッグ ……… p.18・19
J.　変わりこま編みのトートバッグ ……… p.20・21
K.　タッセルつきの角底バッグ ……… p.22
L.　長編み交差のビッグバッグ ……… p.23
M.　ラビット模様の編み込みバッグ ……… p.24・25
N.　レーシー模様のペタンコバッグ ……… p.26
O.　シェル模様のおしゃれバッグ ……… p.27

2. 異素材とミックスで編むバッグ

P.　1玉で編むミニバッグ ……… p.29
Q.　2つのマルシェバッグ ……… p.30・31
R.　グラニーバッグ ……… p.32
S.　毛糸と麻ひものトートバッグ ……… p.33
T.　引き揃え編みのバッグ ……… p.34・35
U.　レザー底使いのバケツ型バッグ ……… p.36・37
V.　引き揃え編みのスクエアバッグ ……… p.38・39
W.　ステッチ使いのラウンドバッグ ……… p.40・41
X.　ゴールドラインのバッグ ……… p.42
Y.　フラワーモチーフのプチバッグ ……… p.43

作品の編み方 ……… p.44
かぎ針編みの基礎 ……… p.92

デザイン／風工房　編み方 →49ページ

コマコマについて

ハマナカ コマコマ

この本で使っているハマナカ コマコマはジュート（黄麻）100％の手芸用の麻糸です。
1玉40gで約34m。2色の新色も加わって全16色と色数も豊富。
麻特有のにおいも少なく、柔らかくて編みやすい糸です。

1	ホワイト	9	モスグリーン
2	ベージュ	10	ブラウン
3	イエロー	11	ネイビー
4	グリーン	12	ブラック
5	ブルー	13	グレー
6	パープル	14	ピンク
7	レッド	15	ココアブラウン
8	オレンジ	16	コバルトブルー

この本の作品はハマナカ手芸手あみ糸、ハマナカアミアミ両かぎ針を使用しています。
糸、材料については下記へお問い合わせください。

［ハマナカ株式会社］

◎京都本社
〒616-8585　京都市右京区花園薮ノ下町2番地の3
☎ 075-463-5151（代表）

◎東京支店
〒103-0007　東京都中央区日本橋浜町1丁目11番10号
☎ 03-3864-5151（代表）

http://www.hamanaka.co.jp
info@hamanaka.co.jp

この本についてのお問い合わせは下記へお願いします。
リトルバード　☎ 03-5309-2260　　受付時間／13:00〜17:00（土日・祝日はお休みです）

1.
麻ひもで編むバッグ

ナチュラルな風合いが魅力の麻ひもで編むバッグは、
型くずれもしにくく使いやすいバッグです。
シンプルなこま編みから、
かんたんな模様編みも取り入れた
おしゃれなバッグをご紹介します。

A.

ボーダーのかごバッグ

人気のボーダーはベージュとネイビーで使いやすいデザインに。
配色糸は段の最後の目を編む時にかえることがきれいに仕上げるポイントです。

デザイン：すぎやまとも
糸：ハマナカ コマコマ
編み方 →44 ページ

ショルダートート

白いラインがすっきりとしたトートバッグ。
持ち手の長さはお好みに合わせて調整しましょう。

デザイン：野口智子
糸：ハマナカ コマコマ
編み方 →46ページ

C.

バイカラーのスクエアバッグ

ベージュとブラックの色合わせはシックな装いにぴったり。
持ち手部分は、最後にこま編みで編みくるみます。

デザイン：河合真弓
製作：関谷幸子
糸：ハマナカ コマコマ
編み方 →48 ページ

a.

b.

D.
引き上げ編みのバッグ

あとから引き抜いたように見える模様は、こま編み裏引き上げ編みという編み方。
こま編みと交互に編むことでボーダー模様になりました。

デザイン：すぎやまとも
糸：ハマナカ コマコマ

編み方 →50ページ

E. F.

スカラップとクローバーの縁飾りバッグ

シンプルなこま編みバッグは、縁飾りを編んでポイントに。
イエローのバッグはくさり編みにこま編みを1段編みつけてスカラップに、
ネイビーはクローバーのモチーフを編んであとからとめつけます。

デザイン：青木恵理子
糸：ハマナカ コマコマ
編み方 → (E.) 52 ページ (F.) 54 ページ

E.

F.

a.

b.

G.

玉編み模様のマルシェバッグ

こま編みのベースにふっくらとした玉編み模様をボーダーに配置。
同じ編み方でも単色で編むと違った雰囲気が楽しめます。

デザイン：橋本真由子　糸：ハマナカ コマコマ

編み方 →56 ページ

H.

パイナップル模様のバッグ

かぎ針編みの中でも人気のパイナップル模様は、
ドイリーのように丸く編んで、持ち手を編む時にバッグの形に仕上げます。

デザイン：風工房　糸：ハマナカ コマコマ
編み方 →58 ページ

a.

b.

c.

ラウンド型の透かし編みバッグ

楕円底からくるくると編むバッグは
丸みを帯びたシルエットに。
レーシーな模様編みは
くさり編みと中長編みを
交互に編むだけだから
とってもかんたん。

デザイン：Ronique（ロニーク）
糸：ハマナカ コマコマ
編み方 →60ページ

a.

b.

J.

変わりこま編みのトートバッグ

引き上げ編みのような模様は、
3段下の目にこま編み3目を編み入れます。
編み進むにつれて
模様が浮かび上がる楽しい編み方。

デザイン：河合真弓　製作：関谷幸子
糸：ハマナカ コマコマ
編み方 →62ページ

a.

b.

タッセルつきの角底バッグ

こま編みとくさり編みを交互に編む模様編みはリズミカルに編み進めます。
小さなふたの先端についたタッセルがアクセントになっています。

デザイン：Ronique（ロニーク）　糸：ハマナカ コマコマ

編み方 →64ページ

長編み交差のビッグバッグ

たっぷり物が入る大きめのバッグですが、
透け感のある模様で軽く仕上がりました。
V字カットの入れ口は肩にかけた時に体に馴染み、
出し入れもスムーズです。

デザイン：橋本真由子
糸：ハマナカ コマコマ
編み方 →66 ページ

a.

M.

ラビット模様の編み込みバッグ

シルエットで表現したアニマル模様が存在感のあるバッグ。
編み込み部分は糸を編みくるんで作るから、内側もすっきりとして使い勝手のよいデザインです。

デザイン：今村曜子　糸：ハマナカ コマコマ

編み方 →68ページ

b.

N.

レーシー模様のペタンコバッグ

ほどよい透け感がおしゃれな四角いバッグはサブバッグにも最適。
持ち手は使っているうちに伸びないように、
最後に引き抜き編みをしました。

デザイン：Ami　糸：ハマナカ コマコマ
編み方 →70ページ

シェル模様のおしゃれバッグ

放射状に広がる模様が美しいシェル形は、
1模様に編み入れる目数を
少しずつ増やしながら
底に向かって編み進みます。

デザイン：金子祥子　糸：ハマナカ コマコマ
編み方 →**72**ページ

2.
異素材とミックスで
編むバッグ

麻ひもに異素材を引き揃えて編むバッグは、
ニュアンスのあるソフトな風合いになります。
この章ではあとからステッチしたり、
モチーフを飾ってみたり、
ひと手間加えたバッグも合わせてご紹介します。

P.

| 1玉で編むミニバッグ |

b. のバッグは1玉で編める手のひらサイズ。
a. は同じ編み方ですが、エコアンダリヤと引き揃えて編むことでサイズも大きくなりました。

デザイン：風工房
糸：(a.) ハマナカ コマコマ + エコアンダリヤ　　(b.) ハマナカ コマコマ
編み方 →49 ページ

a.

b.

2つのマルシェバッグ

a. はコマコマの1本どりでしっかりとした編み地に。
b. はエコアンダリヤの糸と引き揃え、ひとまわり大きく、ニュアンスのある編み地に仕上がりました。

デザイン：城戸珠美　糸：(a.) ハマナカ コマコマ　(b.) ハマナカ コマコマ ＋ エコアンダリヤ《クロッシェ》

編み方 →74 ページ

a.

b.

グラニーバッグ

シェル編みの模様が美しい
グラニーバッグは人気のデザイン。
まっすぐに編んだら丸い竹型ハンドルを
巻きくるんででき上がり。

デザイン：風工房
糸：ハマナカ コマコマ ＋ エコアンダリヤ
編み方 →76ページ

S.

毛糸と麻ひものトートバッグ

ボーダーに毛糸を編み込んだバッグは
麻ひもだけで編むよりも軽い仕上がりに。
アクリル素材のボニーは
お洗濯もかんたんで
いつでも清潔に使えます。

デザイン：城戸珠美
糸：ハマナカ コマコマ ＋ ボニー
編み方 →78 ページ

a.

T.
引き揃え編みのバッグ

エコアンダリヤの糸と引き揃えで編んだ、
少し浅めのマルシェ型。
2種類の糸がミックスされて
柔らかい色合いになりました。

デザイン：風工房
糸：ハマナカ コマコマ ＋ エコアンダリヤ《クロッシェ》
編み方 →80ページ

b.

U.

レザー底使いのバケツ型バッグ

さざ波のようなグラデーションは
ベージュの糸に4色の細い色糸を引き揃えて編みます。
大きめのバッグもレザー底を使えば早く編めて、
型くずれも防げます。

デザイン：橋本真由子
糸：ハマナカ コマコマ + アプリコ
編み方 →82ページ

引き揃え編みのスクエアバッグ

太めのかぎ針でざっくりと編んだスクエアバッグはエコアンダリヤの糸との引き揃え。
軽い仕上がりと柔らかい風合いが魅力です。

デザイン：すぎやまとも　糸：ハマナカ コマコマ ＋ エコアンダリヤ
編み方 →84 ページ

a.

b.

W.

ステッチ使いのラウンドバッグ

丸底の小さなバッグには縁まわりにプリントの綿テープ・ラコラボをステッチ。
綿テープをたてに裂いて使うことで、ふんわりと優しい雰囲気に仕上がりました。

デザイン：城戸珠美　糸：ハマナカ コマコマ
編み方 →86ページ

a.

b.

X.

ゴールドラインのバッグ

「麻ひも」×「ラメ糸」の
ちょっと意外な組み合わせ。
さりげなく輝くゴールドのラインが上品で
おしゃれなバッグです。

デザイン：青木恵理子
糸：ハマナカ コマコマ ＋ エンペラー
編み方 →88ページ

Y. フラワーモチーフのプチバッグ

リングレースを細い糸で編みつなぎ、まわりにあしらった小さなバッグ。
後ろ側にもリングレースを1枚ワンポイントにつけました。

デザイン：erico　糸：ハマナカ コマコマ ＋ ティノ
編み方 →90ページ

A. ボーダーのかごバッグ 写真7ページ

◎用意するもの

糸	ハマナカ コマコマ（40g玉巻） ベージュ（2）…185g
	ネイビー（11）…105g
針	ハマナカアミアミ両かぎ針ラクラク8/0号
ゲージ	こま編み、こま編みのしま模様 12目14.5段＝10cm四方
サイズ	図参照

◎編み方　糸は1本どりで、指定の配色で編みます。

①底はくさり編み5目を作り目し、こま編みを14目拾います。2段めからは図のように毎段8目ずつ目を増しながら編みます。

②続けて側面をこま編みのしま模様で増減なく輪に編みます。

③持ち手はくさり編み4目を作り目し、こま編みで編みます。編み始めと編み終わりの4段ずつは往復に編み、それ以外は輪に編みます。

④持ち手を内側にとじつけます。

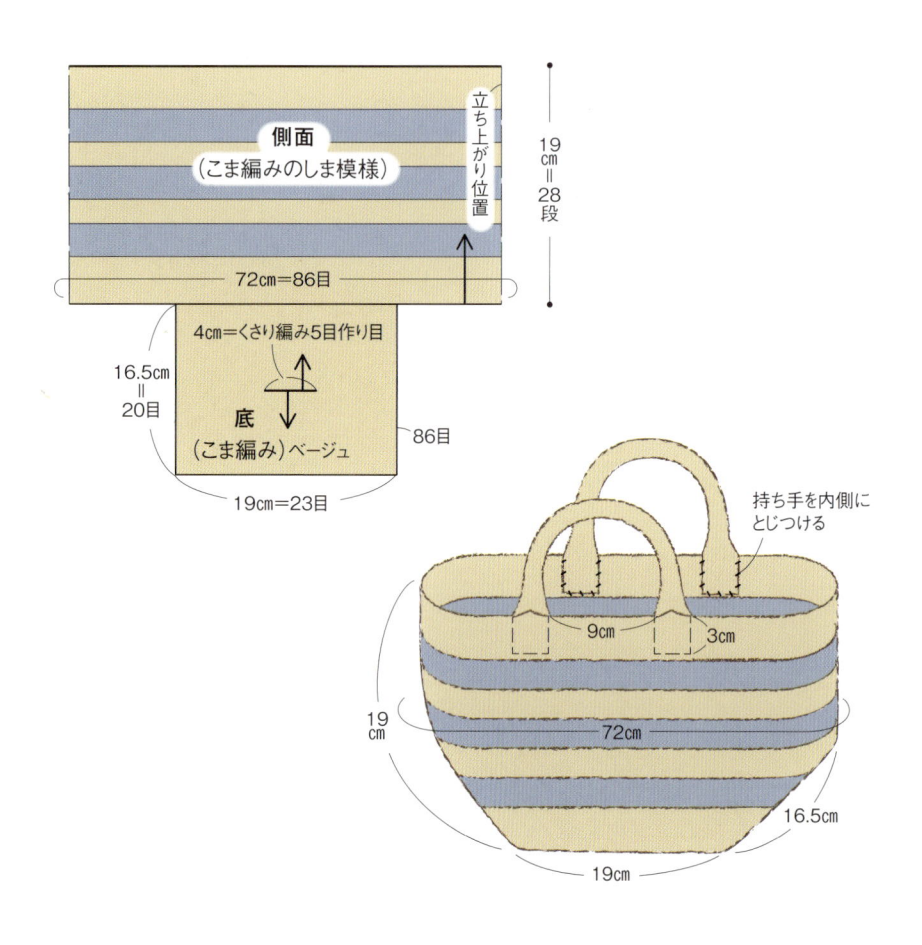

側面
（こま編みのしま模様）

立ち上がり位置

19cm＝28段

72cm＝86目

4cm＝くさり編み5目作り目

底
（こま編み）ベージュ

16.5cm＝20目

86目

19cm＝23目

持ち手を内側にとじつける

9cm　3cm

19cm

72cm

16.5cm

19cm

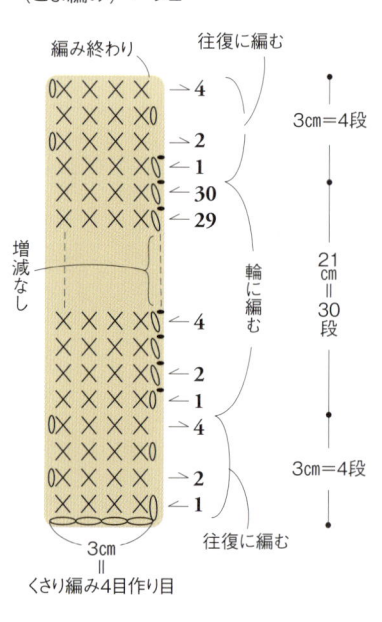

持ち手　2枚
（こま編み）ベージュ

編み終わり　往復に編む

→4　3cm＝4段

→2
←1
←30　21cm＝30段
←29

増減なし　輪に編む

←4
←2
←1
←4　3cm＝4段
←2
←1

往復に編む

3cm＝くさり編み4目作り目

配色糸のかえ方

①段の終わりの引き抜きをする時に、編んできた糸を休め、配色の糸にかえて引き抜く。

②糸端は5cmほど残し、針にかかっている目から引き抜く。

③糸をかけ、立ち上がりのくさり編みを編む。

④配色糸の糸端を編みくるみながら続けてこま編みで編み進む。

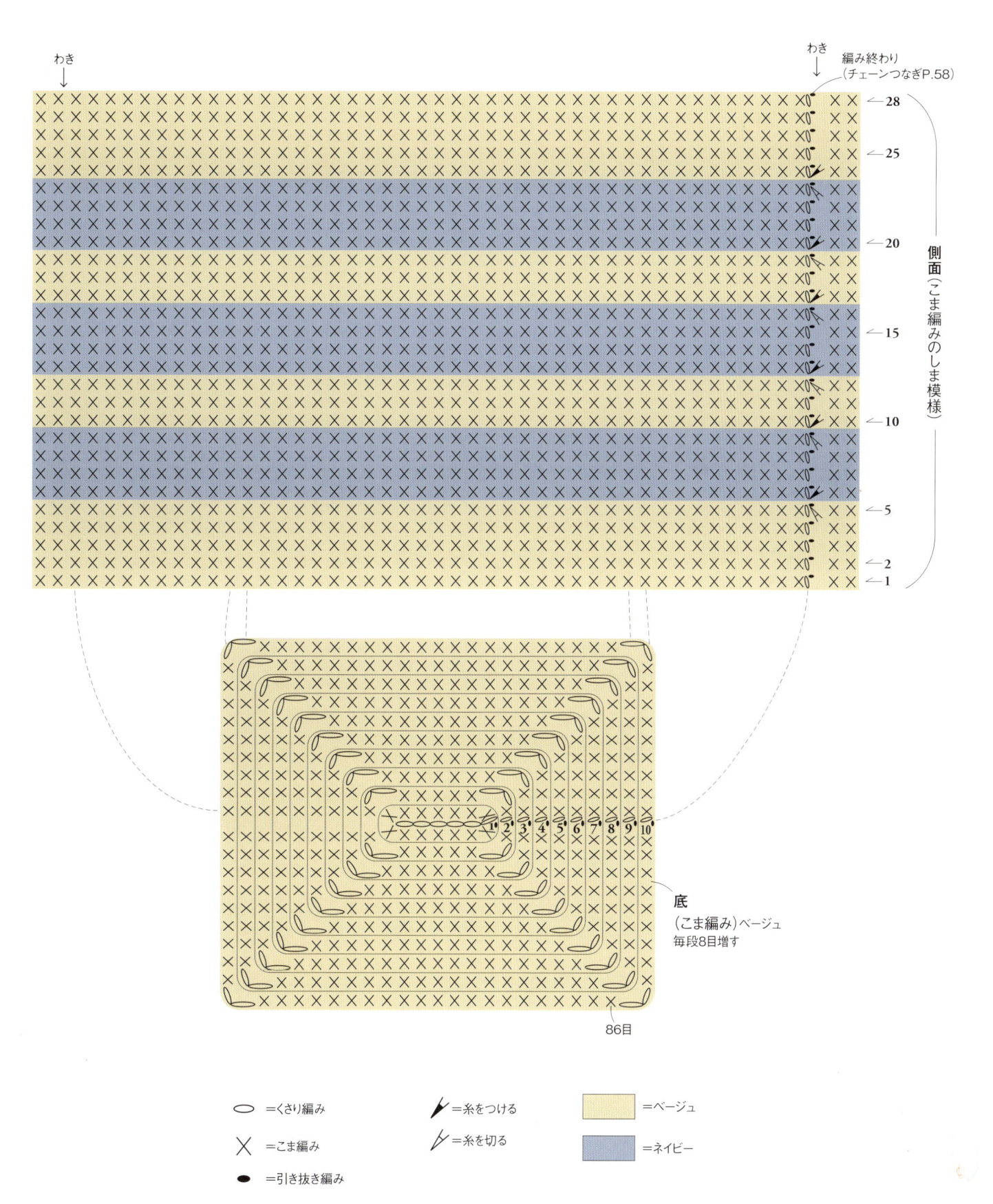

わき

わき

編み終わり
（チェーンつなぎP.58）

側面（こま編みのしま模様）

←28
←25
←20
←15
←10
←5
←2
←1

底
（こま編み）ベージュ
毎段8目増す

86目

◯ =くさり編み

✕ =こま編み

● =引き抜き編み

✎ =糸をつける

✎ =糸を切る

=ベージュ

=ネイビー

45

B. ショルダートート 写真8ページ

◎用意するもの

糸	ハマナカ コマコマ（40g玉巻） グレー（13）…385g
	ホワイト（1）…25g
針	ハマナカアミアミ両かぎ針ラクラク8/0号
ゲージ	こま編み（輪編み）12目15段＝10㎝四方
サイズ	図参照

◎編み方　糸は1本どりで、指定の配色で編みます。

①底は糸端を輪にし、こま編みを6目編み入れます。2段めからは図のように増し目をしながら編みます。

②続けて側面をこま編みのしま模様で増減なく輪に編みます。

③持ち手はくさり編み4目作り目し、こま編みで往復に編み、つき合わせにして巻きかがります。

④持ち手を側面の外側にとじつけます。

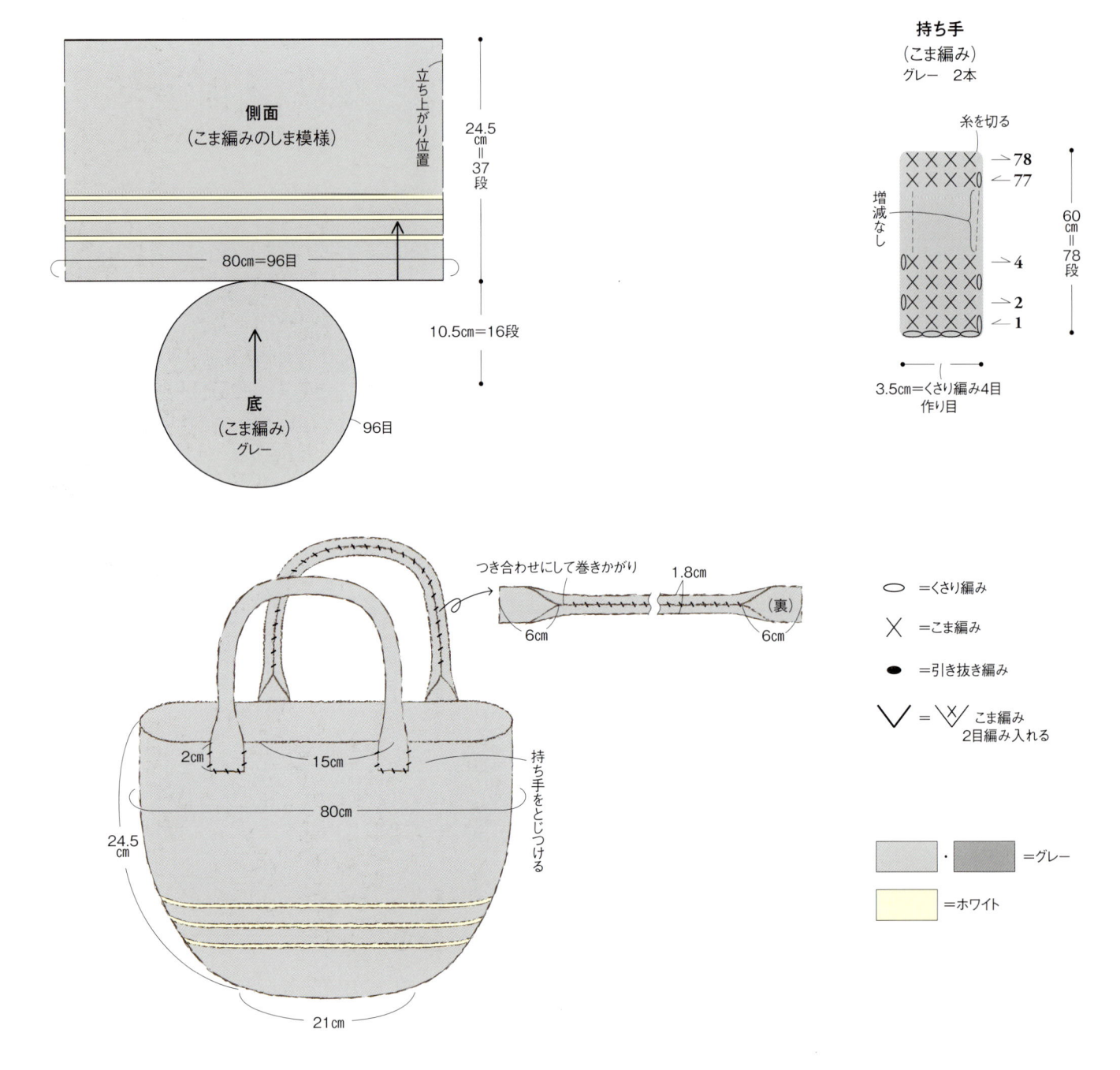

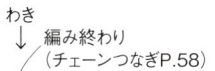

側面 （こま編みのしま模様）　　　増減なし

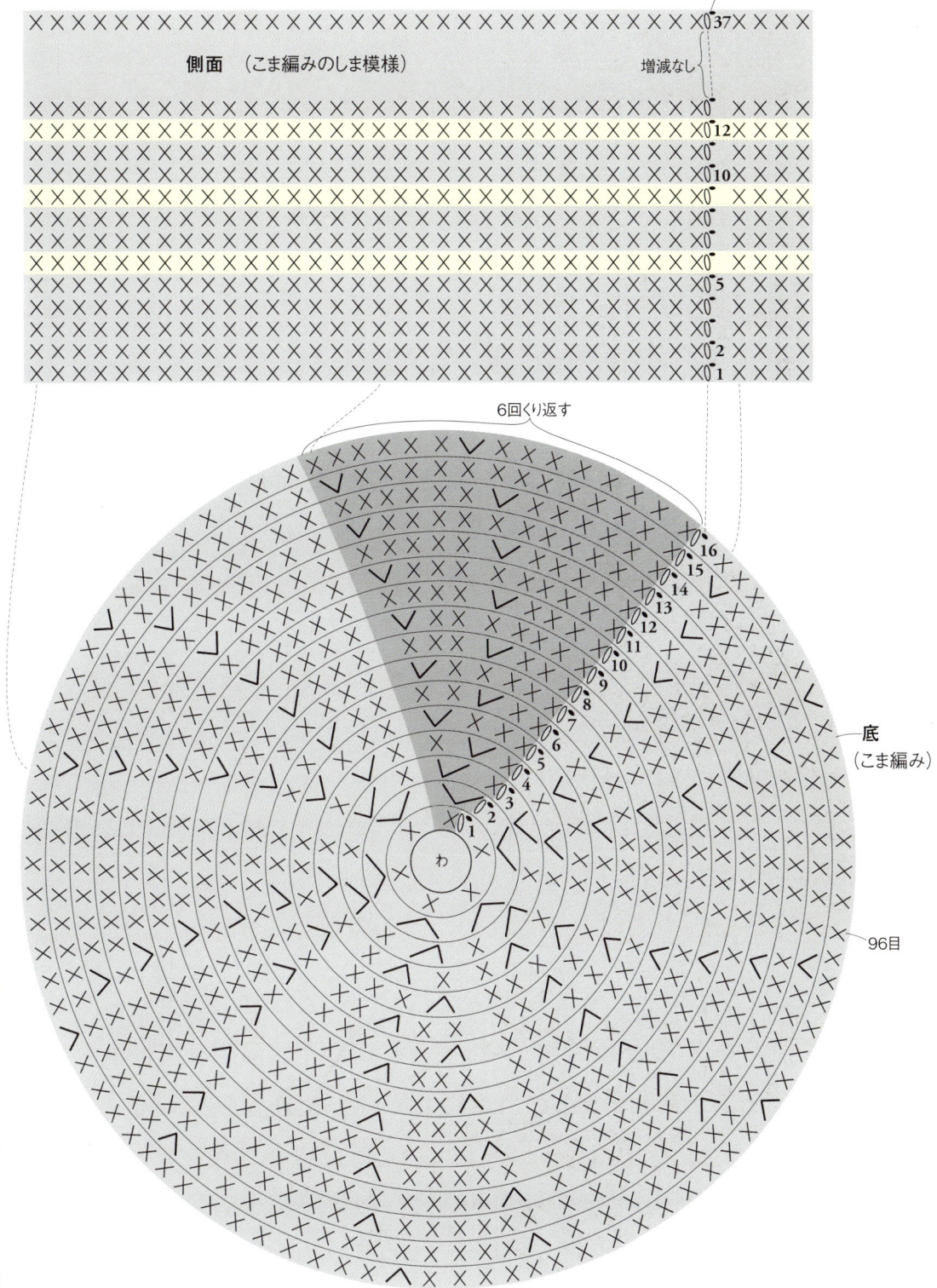

6回くり返す

わき
↓
編み終わり
（チェーンつなぎP.58）

底
（こま編み）

96目

底の目数と増し方

段	目数	増し方
16	96目	
15	90目	
14	84目	
13	78目	
12	72目	
11	66目	
10	60目	毎段6目増す
9	54目	
8	48目	
7	42目	
6	36目	
5	30目	
4	24目	
3	18目	
2	12目	
1	6目編み入れる	

C. バイカラーのスクエアバッグ 写真9ページ

◎用意するもの

糸	ハマナカ コマコマ（40g玉巻）
	ベージュ（2）…125g
	ブラック（12）…110g
針	ハマナカアミアミ両かぎ針
	ラクラク8/0号
ゲージ	こま編み　12.5目＝10cm　11段＝7.5cm
	模様編み　12.5目9.5段＝10cm四方
サイズ	図参照

◎編み方

糸は1本どりで、指定の配色で編みます。

① 底はくさり編み28目を作り目し、こま編みで図のように増し目をしながら編みます。

② 続けて側面をこま編み（最終段で2目増す）、模様編みで輪に編みます。

③ 入れ口と持ち手はこま編みで編みます。1段編んだら糸を休め、指定の位置に糸をつけ、くさり編み16目を作り目します。休めておいた糸でこま編みを3段編みます。

④ こま編み28目で持ち手を編みくるみます。

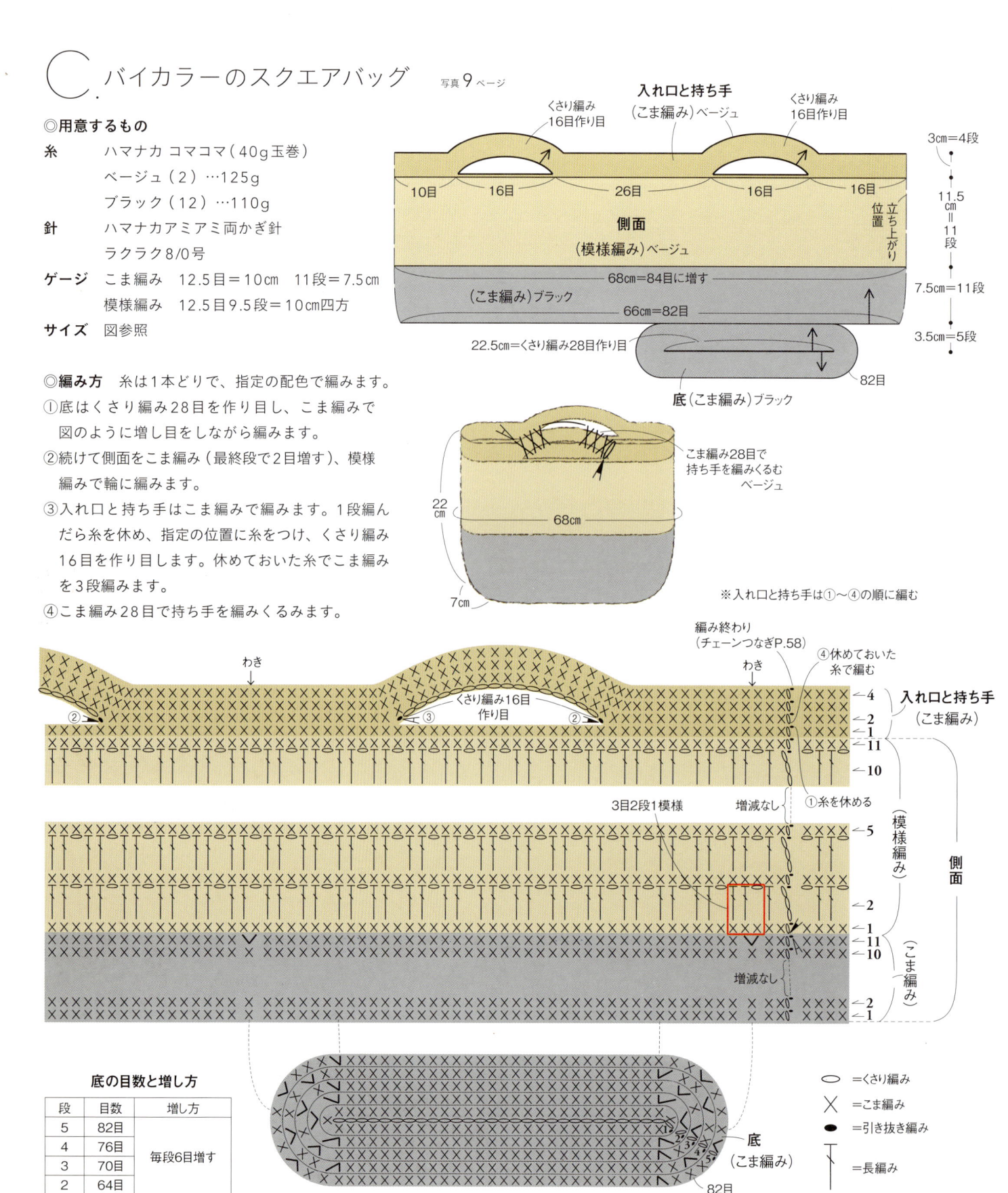

底の目数と増し方

段	目数	増し方
5	82目	毎段6目増す
4	76目	
3	70目	
2	64目	
1	くさりの両側から58目拾う	

記号説明
- ◯ ＝くさり編み
- ✕ ＝こま編み
- ● ＝引き抜き編み
- ┬ ＝長編み
- ⋁ ＝✕✕ こま編み2目編み入れる
- ＝ブラック　＝ベージュ
- ╱ ＝糸をつける　╱ ＝糸を切る

P. 1玉で編むミニバッグ 写真29ページ

◎用意するもの

糸　a. ハマナカ コマコマ（40g玉巻）
　　　ピンク（14）…50g
　　　ハマナカ エコアンダリヤ（40g玉巻）
　　　オフホワイト（168）…23g
　　b. ハマナカ コマコマ　ピンク（14）…39g
針　ハマナカアミアミ両かぎ針ラクラク8/0号
ゲージ　a. こま編み　11.5目12.5段＝10cm四方
　　　b. こま編み　15目18段＝10cm四方
サイズ　図参照

◎編み方

糸は a. はピンクとオフホワイト各1本ずつを引き揃えた2本どりで、b. はピンク1本どりで編みます。

①底と側面は糸端を輪にし、こま編みを8目編み入れます。

②2段めからは図のように増し目をしながら輪に編み、最終段で持ち手のくさり編み9目を作りながら編みます。

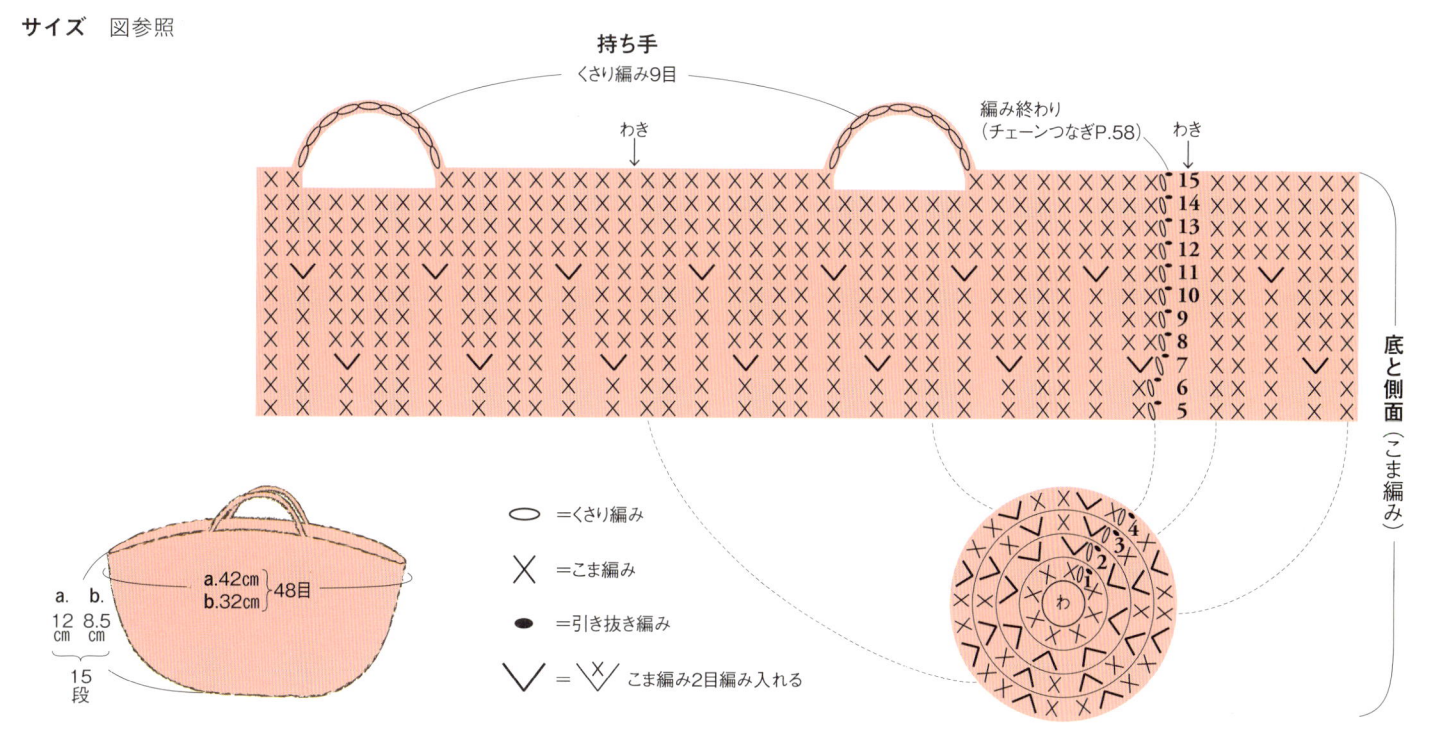

持ち手
くさり編み9目
わき
編み終わり（チェーンつなぎP.58）
わき
底と側面（こま編み）

a.42cm / b.32cm } 48目
a. b.
12cm 8.5cm
15段

◯ ＝くさり編み
✕ ＝こま編み
● ＝引き抜き編み
∨ ＝こま編み2目編み入れる

4ページのミニバッグの編み方

針　8/0号　各9g

※糸はコマコマ1本どりで編みます。

4cm＝7段
16cm＝24目

◯ ＝くさり編み
✕ ＝こま編み
● ＝引き抜き編み
∨ ＝こま編み2目編み入れる

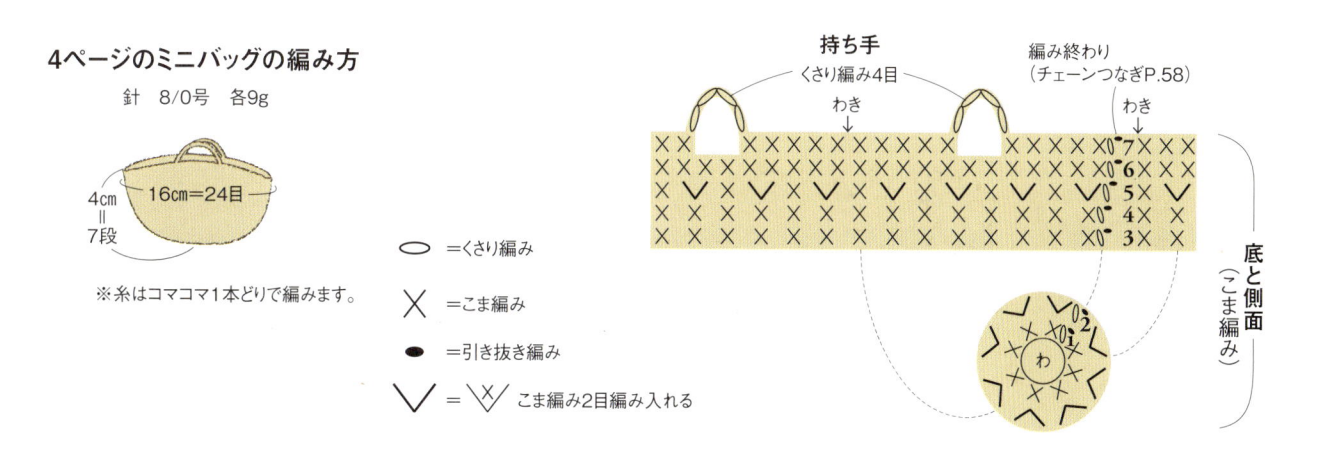

持ち手
くさり編み4目
わき
編み終わり（チェーンつなぎP.58）
わき
底と側面（こま編み）

D. 引き上げ編みのバッグ　写真10・11ページ

◎用意するもの

糸	ハマナカ コマコマ（40g玉巻） **a.**ブラウン（10）、**b.**ベージュ（2）…各360g
針	ハマナカアミアミ両かぎ針ラクラク8/0号
ゲージ	こま編み、模様編み　13目13.5段＝10cm四方
サイズ	図参照

◎編み方　糸は1本どりで編みます。

①底は糸端を輪にし、こま編みを6目編み入れます。2段めからは図のように毎段6目ずつ増し目をしながら編みます。

②続けて側面を模様編みで輪に編み、入れ口と持ち手〈外側〉は指定の位置でくさり編み25目を作り目し、こま編みで編みます。

③持ち手〈内側〉は指定の位置に糸をつけ、こま編みで編みます。

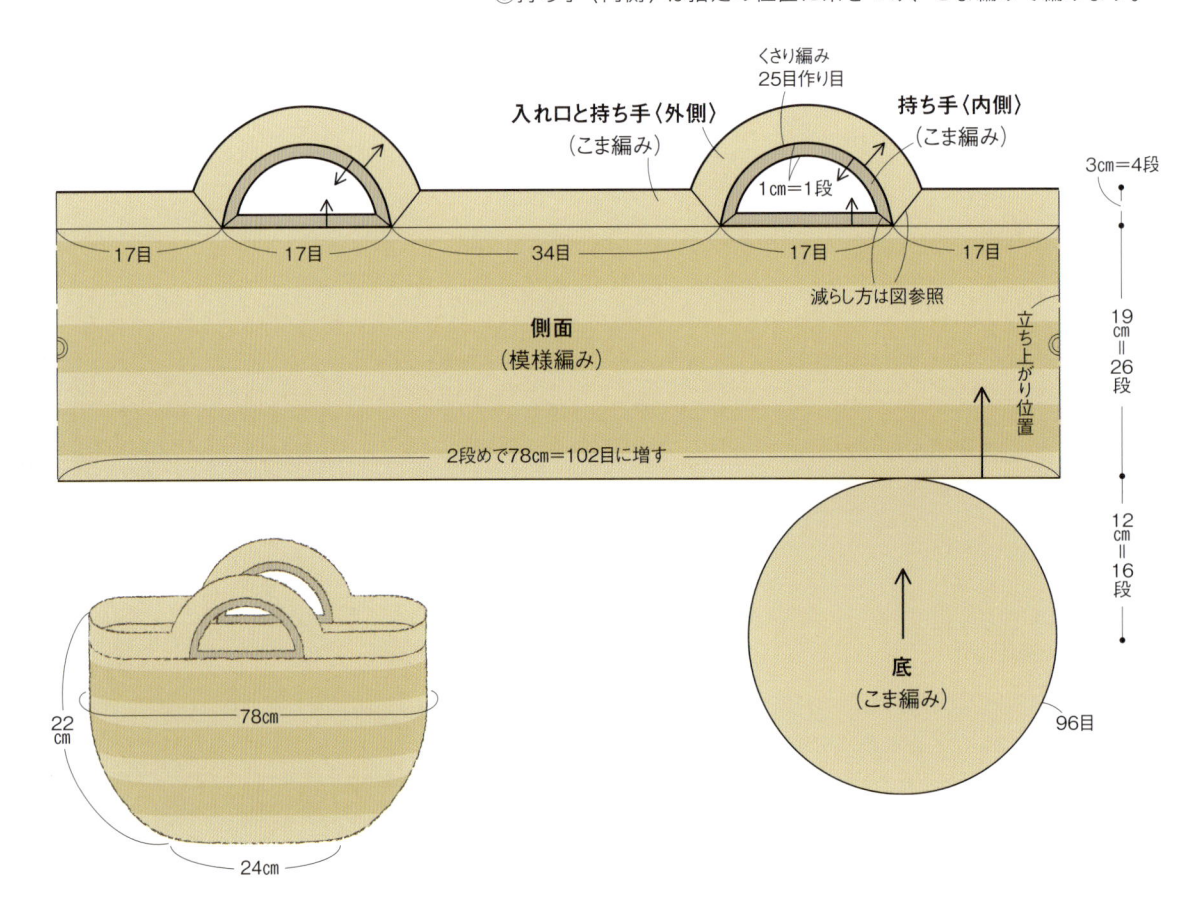

こま編み裏引き上げ編み目

① 前段のこま編みの柱を向こう側からかぎ針を入れてすくう。

② かぎ針に糸をかけて矢印のように編み地の向こう側に引き出す。

③ 少し長めに糸を引き出し、こま編みの要領で編む。

④ 前段の頭のくさり目が手前側（表側）に出る。

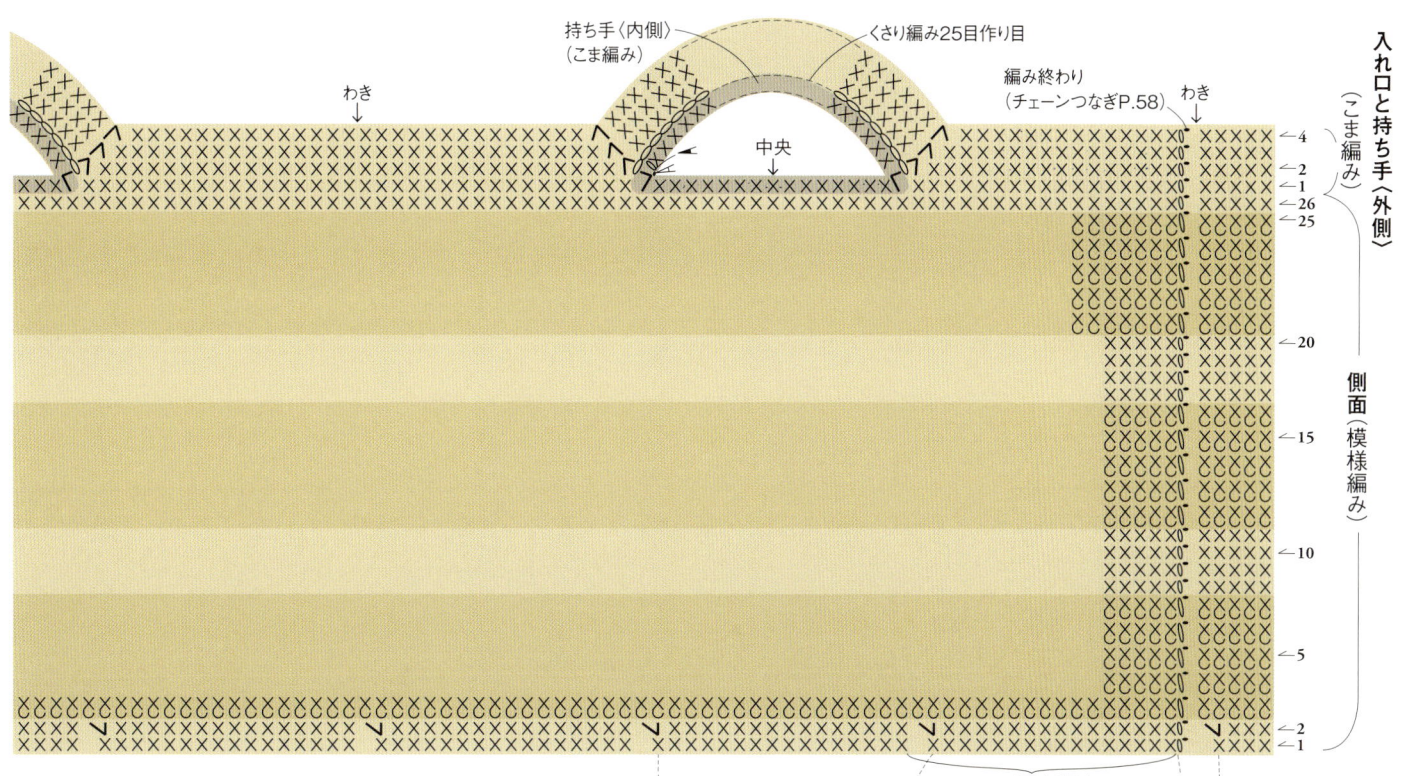

持ち手〈内側〉（こま編み）　くさり編み25目作り目　編み終わり（チェーンつなぎP.58）
わき　中央　入れ口と持ち手〈外側〉（こま編み）　わき

側面（模様編み）

6回くり返す

底の目数と増し方

段	目数	増し方
16	96目	
15	90目	
14	84目	
13	78目	
12	72目	
11	66目	毎段6目増す
10	60目	
9	54目	
8	48目	
7	42目	
6	36目	
5	30目	
4	24目	
3	18目	
2	12目	
1	6目編み入れる	

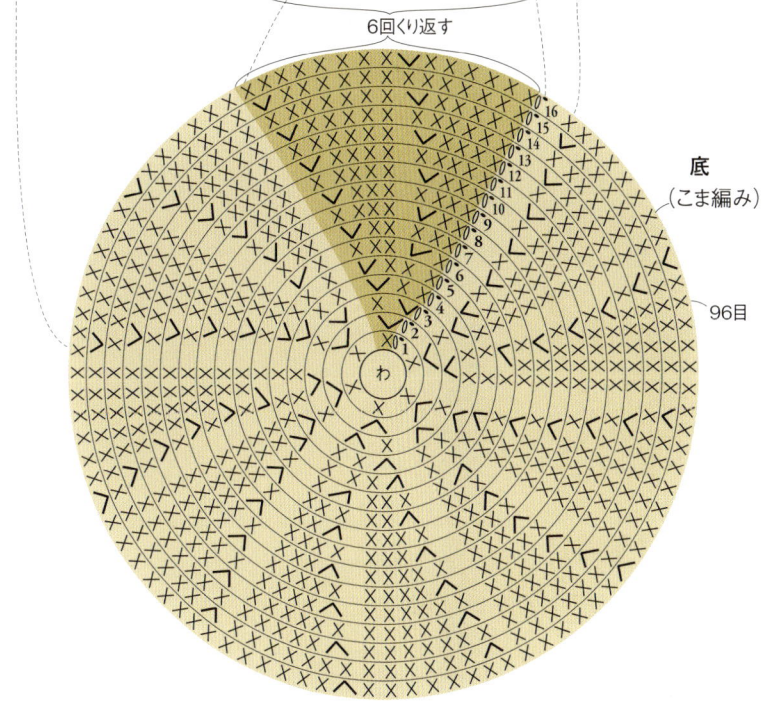

底（こま編み）

96目

◯ =くさり編み

✕ =こま編み

● =引き抜き編み

∨ = こま編み2目編み入れる

∧ = こま編み2目一度

↗ =こま編み裏引き上げ編み

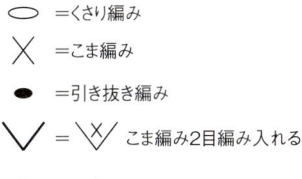

前段の柱を向こう側から針を入れて
向こう側に出し、針に糸をかけて
こま編みを編む

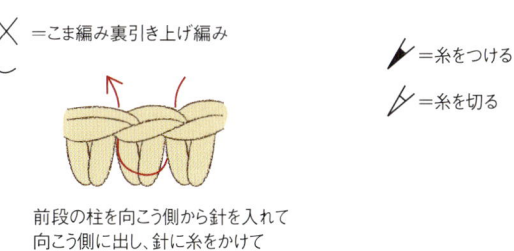

=糸をつける

=糸を切る

E. スカラップの縁飾りバッグ 写真12ページ

◎用意するもの

糸 ハマナカ コマコマ（40g玉巻） イエロー（3）…260g
針 ハマナカアミアミ両かぎ針ラクラク8/0号
ゲージ こま編み 14目15段＝10cm四方
サイズ 図参照

◎編み方 糸は1本どりで編みます。

①底は糸端を輪にし、こま編みを6目編み入れます。2段めからは図のように増し目をしながら編みます。

②続けて側面をこま編みで増減なく輪に編みます。

③持ち手を編みます。21段めの指定の位置に新しく糸をつけ、くさり編み40目を作り目します。持ち手〈内側〉をこま編みで編み、次に休めておいた糸で側面から続けて、入れ口と持ち手〈外側〉を編みます。

④飾りはくさり編み90目を作り目し、図のように3段編みます。

⑤入れ口に飾りを重ね、1目に1目ずつ引き抜き編みでつけます。

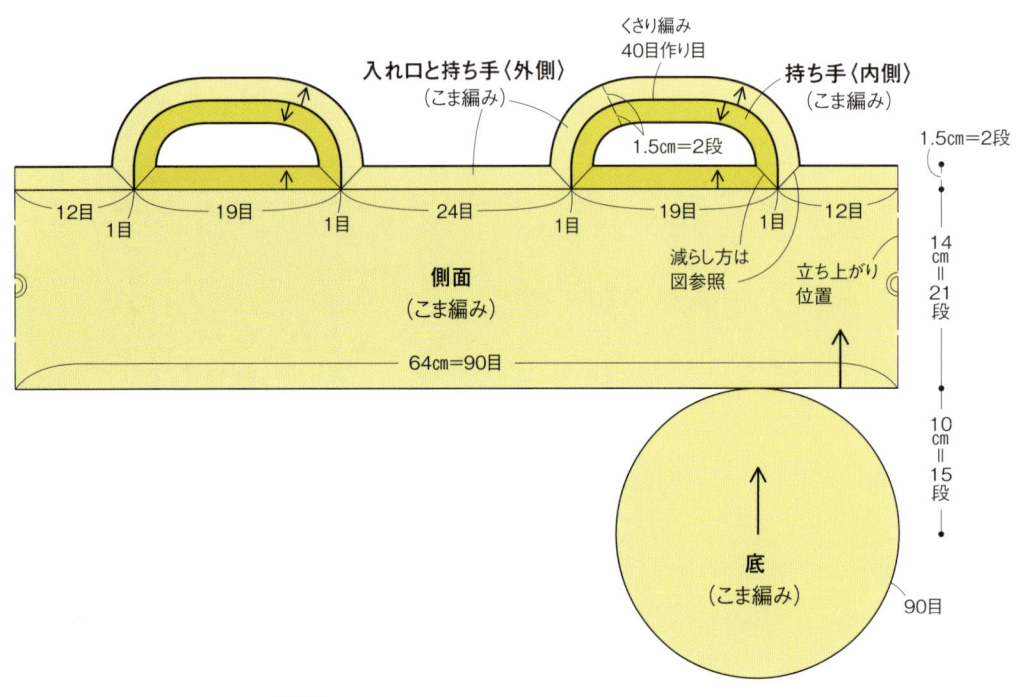

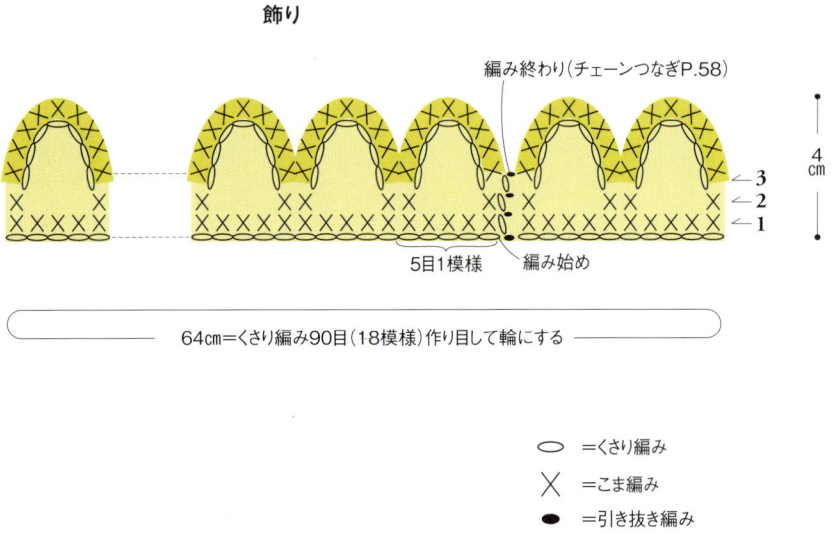

飾り

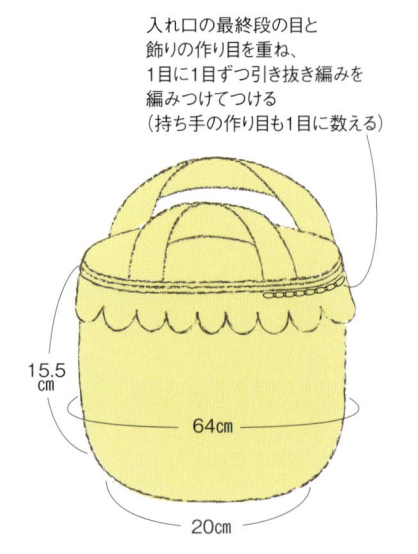

入れ口の最終段の目と
飾りの作り目を重ね、
1目に1目ずつ引き抜き編みを
編みつけてつける
（持ち手の作り目も1目に数える）

○ ＝くさり編み
✕ ＝こま編み
● ＝引き抜き編み

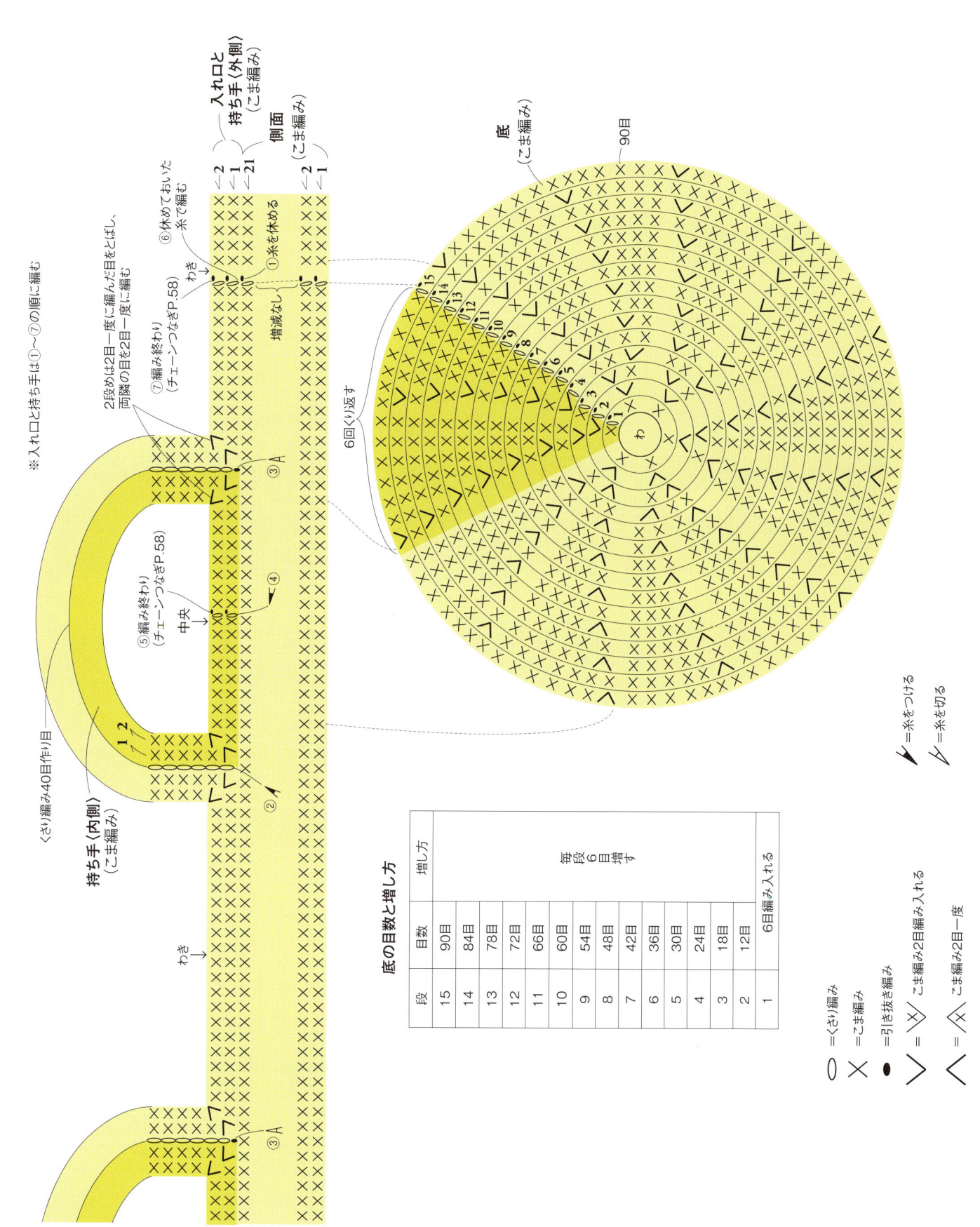

※入れ口と持ち手は①～⑦の順に編む

持ち手〈外側〉（こま編み）

入れ口と

側面（こま編み）

底（こま編み）

90目

⑥休めておいた糸で編む

①糸を休める

増減なし

⑦編み終わり（チェーンつなぎP.58）

2段めは2目一度に編んだ目をとばし、両隣の目を2目一度に編む

わき

わき

中央

⑤編み終わり（チェーンつなぎP.58）

③A

〈くさり編み40目作り目〉

持ち手〈内側〉（こま編み）

③A

底の目数と増し方

段	目数	増し方
15	90目	
14	84目	
13	78目	
12	72目	
11	66目	
10	60目	毎段6目増す
9	54目	
8	48目	
7	42目	
6	36目	
5	30目	
4	24目	
3	18目	
2	12目	
1		6目編み入れる

〇 ＝くさり編み
× ＝こま編み
● ＝引き抜き編み
∨ ＝こま編み2目編み入れる
∧ ＝こま編み2目一度

＝糸をつける
＝糸を切る

F. クローバーの縁飾りバッグ 写真12・13ページ

◎用意するもの

糸	ハマナカ コマコマ（40g玉巻） ネイビー（11）…155g
	モスグリーン（9）…40g
針	ハマナカアミアミ両かぎ針ラクラク8/0号
ゲージ	こま編み14目15段＝10cm四方
サイズ	図参照

◎編み方　糸は1本どりで、指定の色で編みます。

①底は糸端を輪にし、こま編みを6目編み入れます。2段めからは図のように増し目をしながら編みます。

②続けて側面をこま編みで増減なく輪に編みます。

③持ち手を編みます。17段めの指定の位置に新しく糸をつけ、くさり編み30目を作り目します。持ち手〈内側〉をこま編みで編み、次に休めておいた糸で側面から続けて入れ口と持ち手〈外側〉を編みます。

④モチーフは糸端を輪にし、図のように12枚編みますが、編み始めと編み終わりの糸は各15〜20cm残しておきます。

⑤編み終わりの糸でモチーフを側面につけます。

⑥編み始めの糸でモチーフどうしをつなぎます。

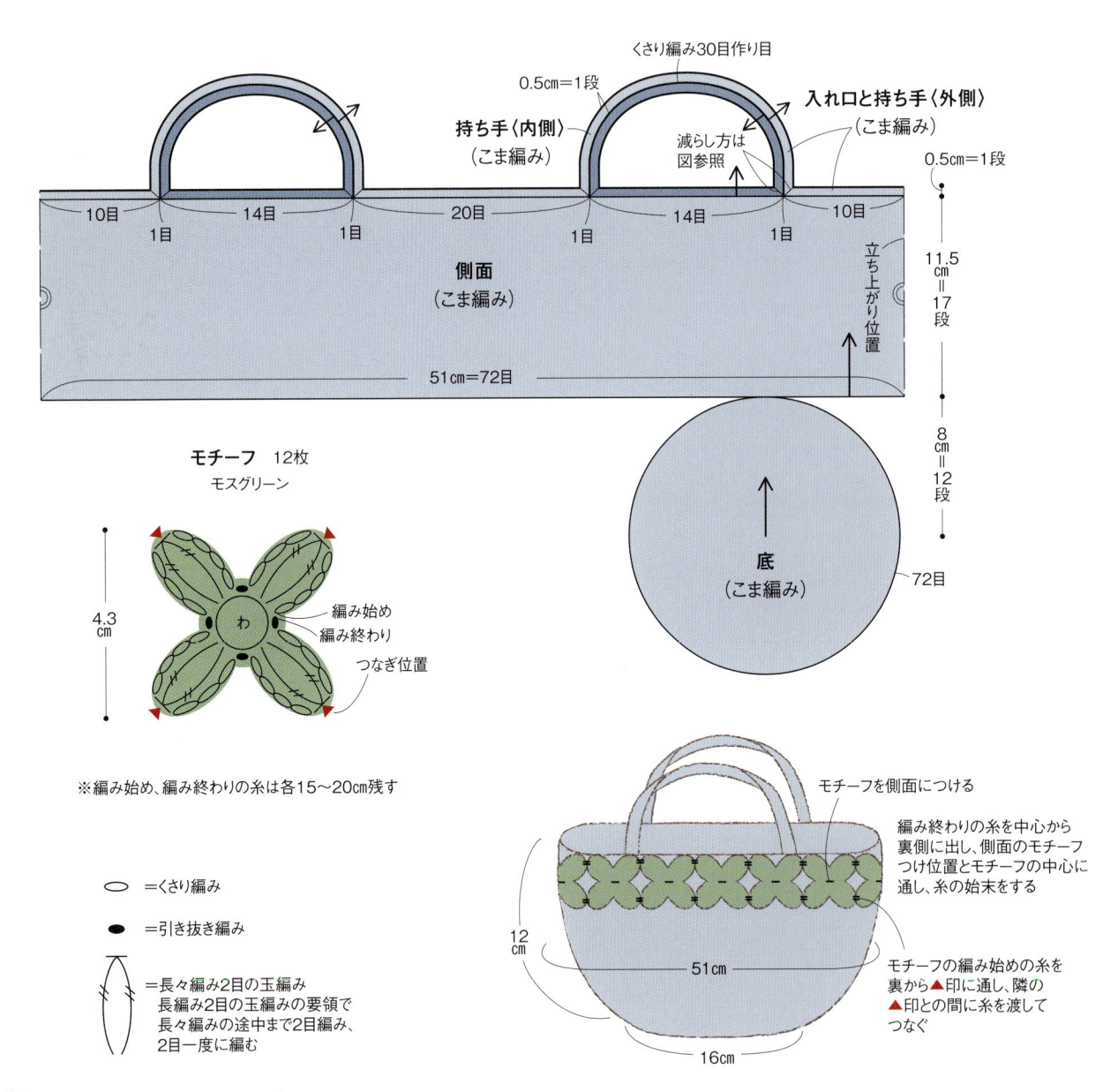

モチーフ　12枚
モスグリーン

4.3cm

編み始め
編み終わり
つなぎ位置

※編み始め、編み終わりの糸は各15〜20cm残す

=くさり編み

=引き抜き編み

=長々編み2目の玉編み
長編み2目の玉編みの要領で
長々編みの途中まで2目編み、
2目一度に編む

くさり編み30目作り目
0.5cm＝1段
入れ口と持ち手〈外側〉
（こま編み）
持ち手〈内側〉
（こま編み）
減らし方は図参照
0.5cm＝1段

10目　14目　20目　14目　10目
1目　1目　1目　1目

側面
（こま編み）

立ち上がり位置

51cm＝72目

11.5cm＝17段

8cm＝12段

底
（こま編み）

72目

モチーフを側面につける

編み終わりの糸を中心から裏側に出し、側面のモチーフつけ位置とモチーフの中心に通し、糸の始末をする

モチーフの編み始めの糸を裏から▲印に通し、隣の▲印との間に糸を渡してつなぐ

12cm
51cm
16cm

54

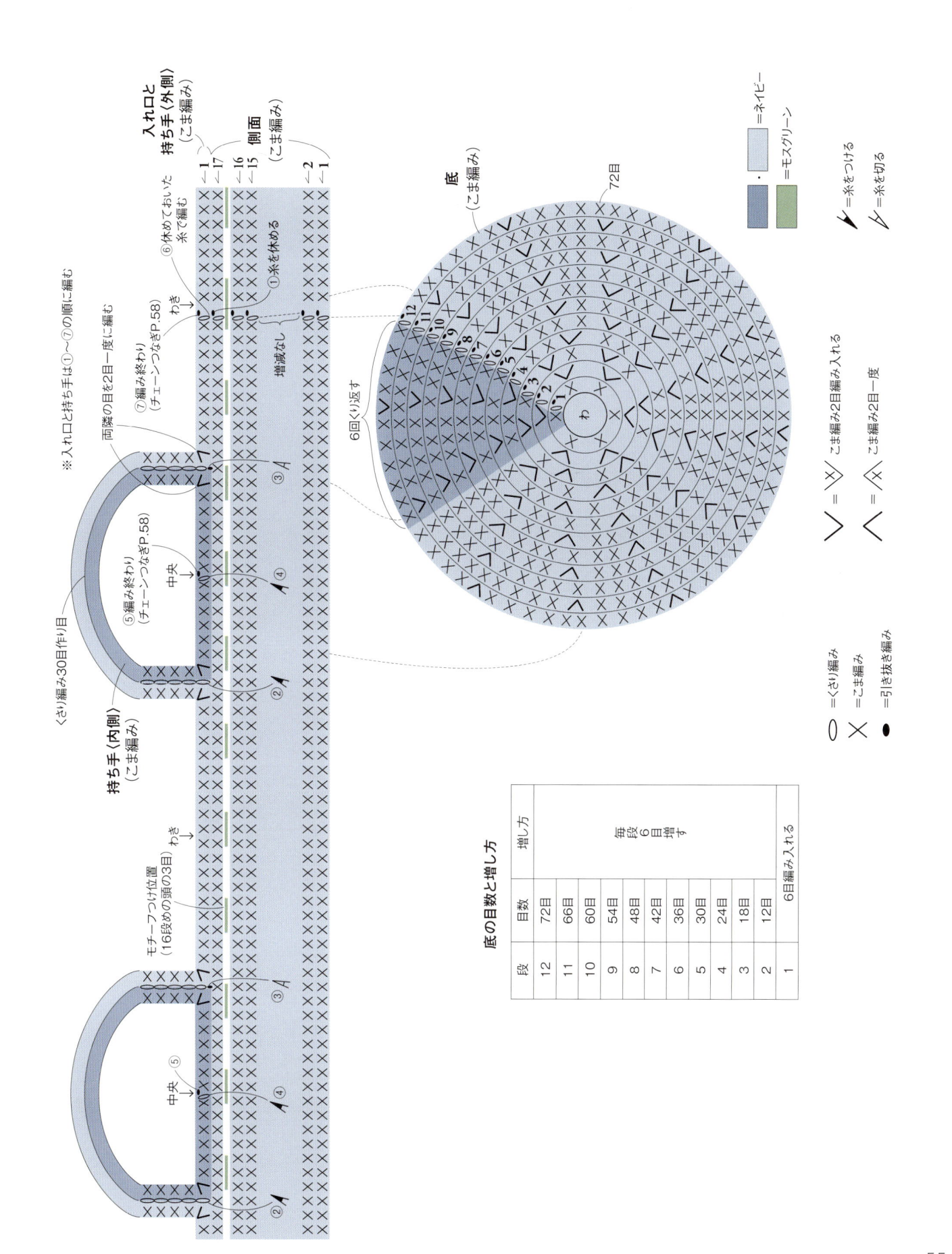

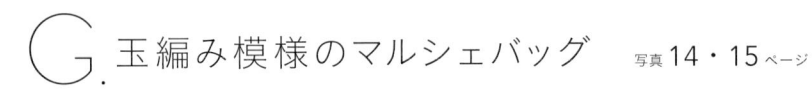

G. 玉編み模様のマルシェバッグ　写真14・15ページ

◎用意するもの

糸　ハマナカ コマコマ（40g玉巻）
　　　a. パープル（6）…275g　ホワイト（1）…80g
　　　b. ベージュ（2）…350g

針　ハマナカアミアミ両かぎ針ラクラク8/0号

ゲージ　こま編み　14目16段＝10cm四方
　　　a. 模様編みのしま模様　**b.** 模様編み
　　　14目＝10cm　7段＝5.5cm

サイズ　図参照

◎編み方
糸は1本どりで、**a.** は指定の配色で、**b.** はベージュ1色で編みます。

①底は糸端を輪にし、こま編みを6目編み入れます。2段めからは図のように増し目をしながら編みます。

②続けて側面を模様編みのしま模様で増し目をしながら輪に編みます。

③持ち手は入れ口から続けてくさり編みで38目を作り目し、入れ口と持ち手をこま編みで続けて編みます。

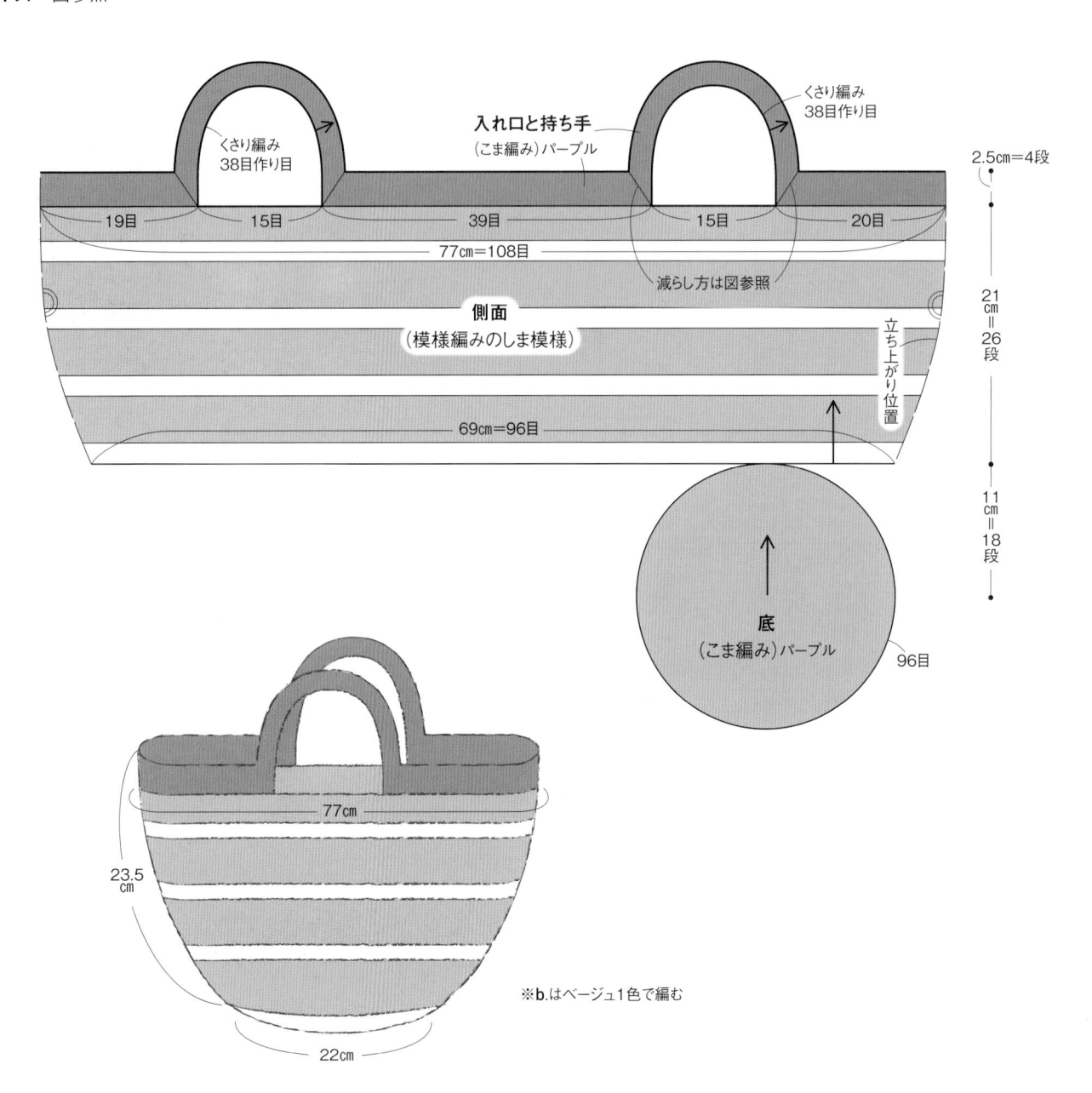

入れ口と持ち手
（こま編み）パープル

くさり編み
38目作り目

くさり編み
38目作り目

19目　15目　39目　15目　20目

77cm＝108目

減らし方は図参照

側面
（模様編みのしま模様）

立ち上がり位置

69cm＝96目

2.5cm＝4段

21cm＝26段

11cm＝18段

底
（こま編み）パープル

96目

77cm

23.5cm

22cm

※**b.** はベージュ1色で編む

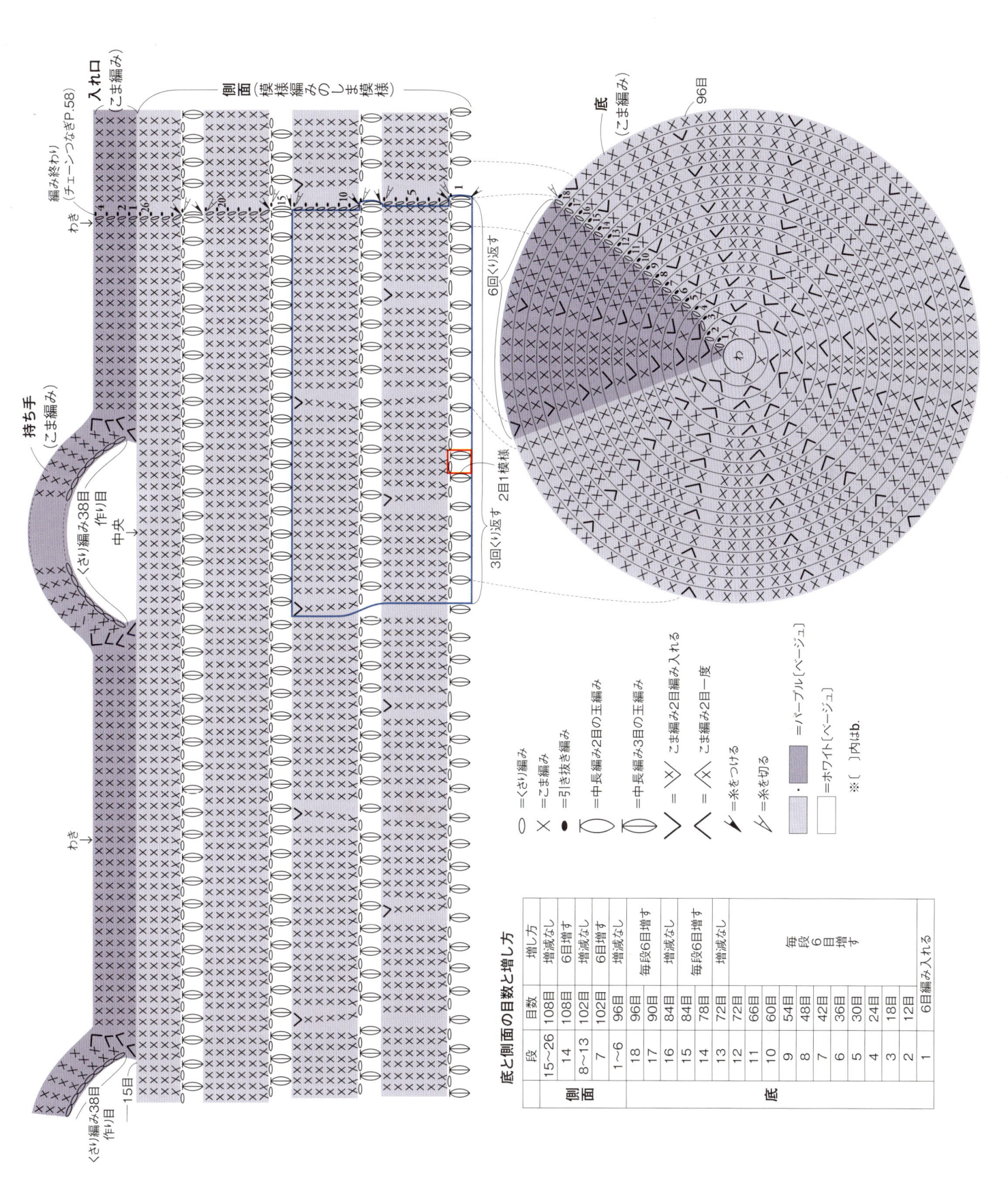

H. パイナップル模様のバッグ

写真16・17ページ

◎用意するもの

糸	ハマナカ コマコマ（40g玉巻） a.ベージュ（2）、b.イエロー（3）、c.ホワイト（1） …各185g
針	ハマナカアミアミ両かぎ針ラクラク8/0号
ゲージ	長編み1段＝1.8cm
サイズ	図参照

◎編み方　糸は1本どりで編みます。

①側面は糸端を輪にし、模様編みで図のように増し目をしながら輪に編みます。

②続けて入れ口を1段編んで糸を切ります。

③持ち手の1段めのこま編みは入れ口に編みつけ、2段めからは長編みで往復に編みます。

④持ち手の合い印どうしをつき合わせにし、巻きかがります。

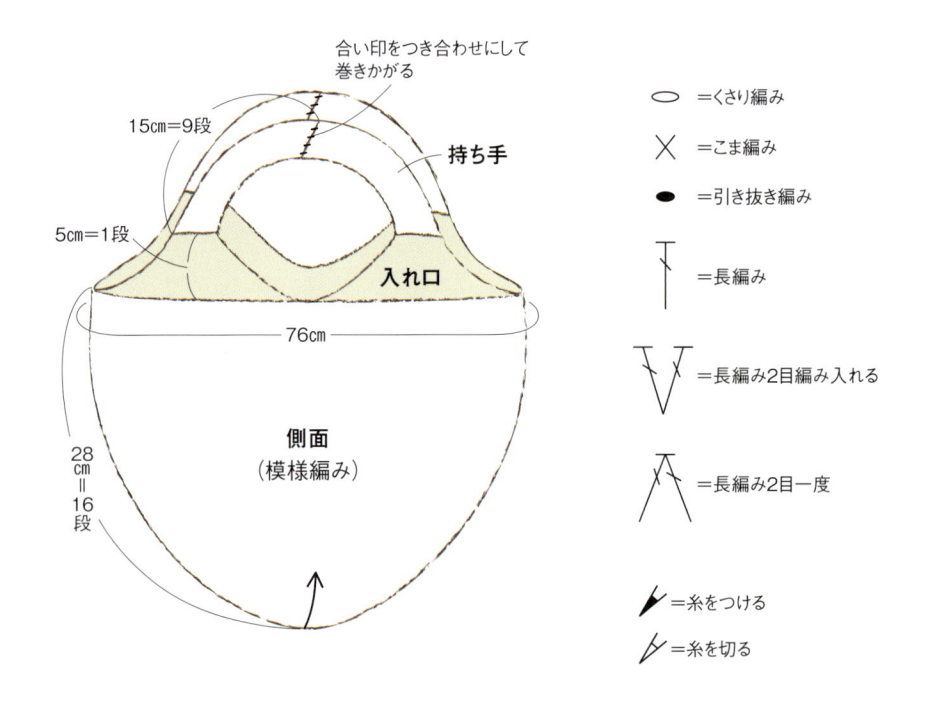

合い印をつき合わせにして
巻きかがる

15cm＝9段

持ち手

5cm＝1段

入れ口

76cm

28cm＝16段

側面
（模様編み）

◯	＝くさり編み
✕	＝こま編み
●	＝引き抜き編み
↑	＝長編み
V	＝長編み2目編み入れる
A	＝長編み2目一度
↘	＝糸をつける
↘	＝糸を切る

チェーンつなぎ　※わかりやすいように糸の色をかえて解説しています。

① 最後の目を編んだらかぎ針からはずし、糸端を15cmくらい残してカットし、糸端を引き出す。

② とじ針に糸端を通し、1目めのこま編みの頭をすくう。

③ 糸を引き、最後のこま編みの頭に針を入れる。

④ 糸を引き締める。1目めと最後の目の間にくさり目が1目でき、きれいにつながったところ。

持ち手

中央→

側面
（模様編み）

入れ口

←わき

わき→

59

ラウンド型の透かし編みバッグ 写真 18・19 ページ

◎**用意するもの**

糸　ハマナカ コマコマ（40g玉巻）
　　a.モスグリーン（9）、**b.**ベージュ（2）…各470g

針　ハマナカアミアミ両かぎ針ラクラク8/0号

ゲージ　こま編み　14目15段＝10cm四方
　　　　模様編み　14目＝10cm　8段＝8cm

サイズ　図参照

◎**編み方**　糸は1本どりで編みます。

①底はくさり編み26目を作り目し、こま編みで図のように増しながら編みます。

②続けて側面をこま編みと模様編みで増減なく輪に編みます。

③指定の位置に糸をつけ、入れ口と持ち手をこま編みで往復に編みます。

④持ち手の合い印どうしをつき合わせにして巻きかがります。

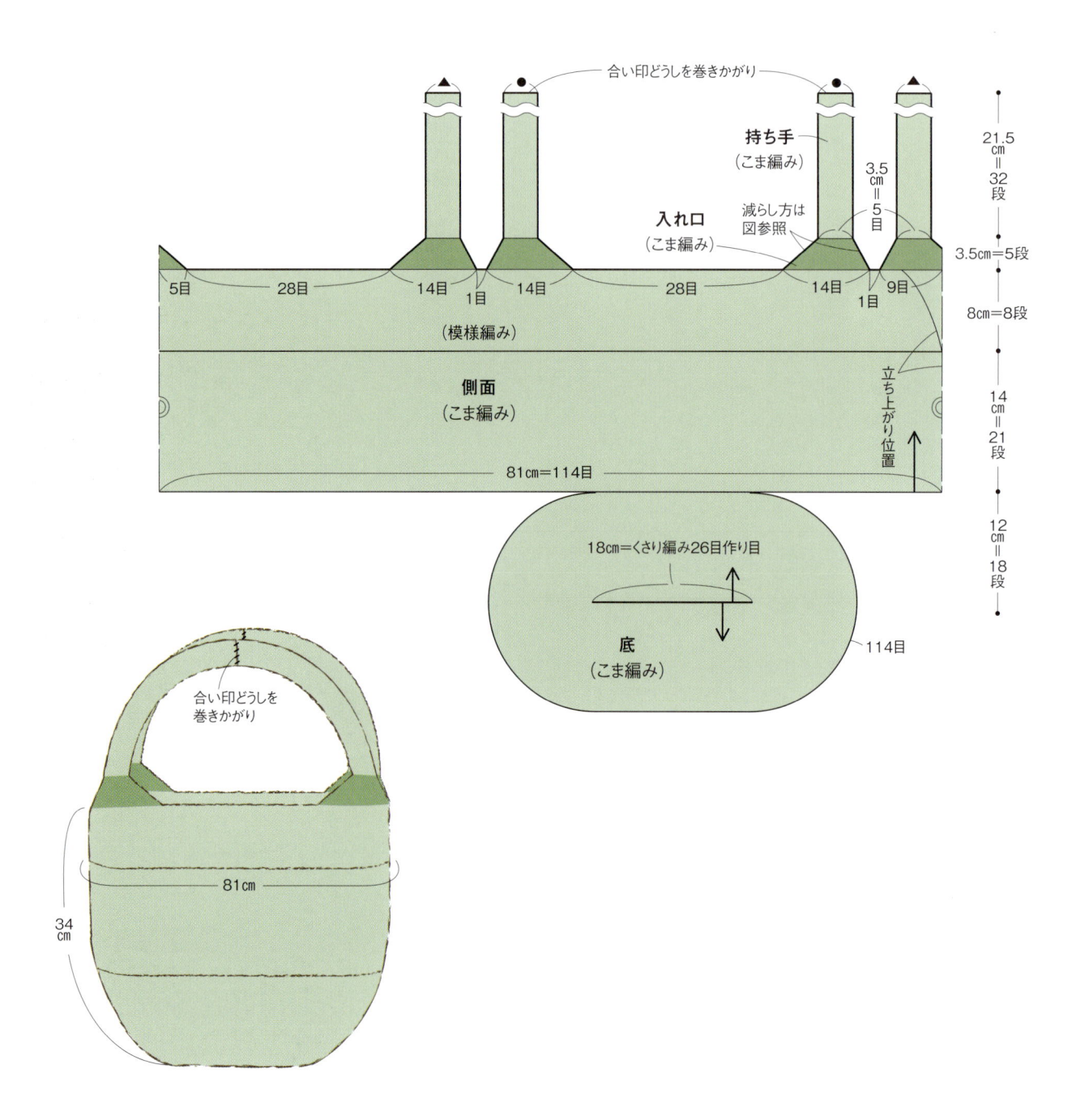

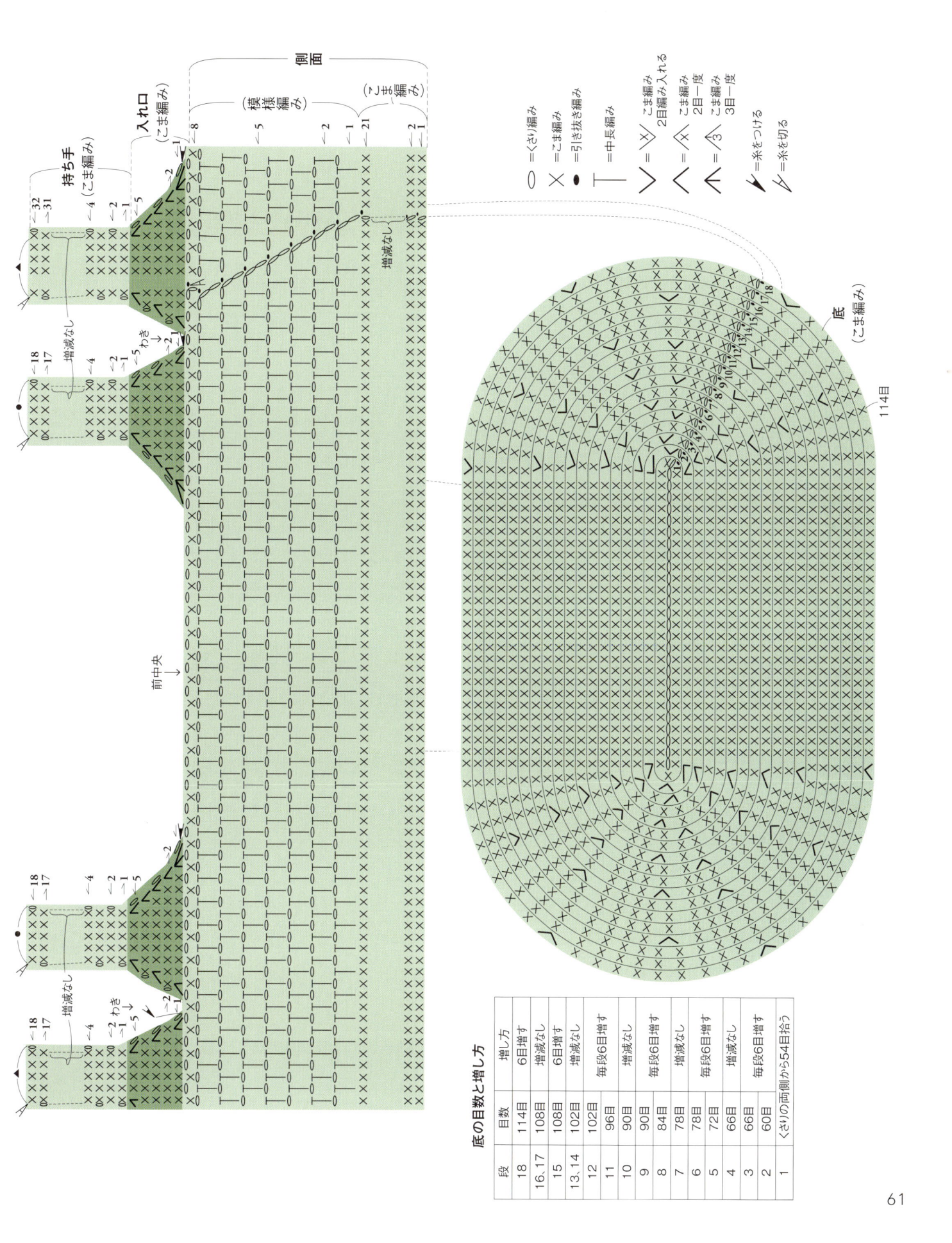

底の目数と増し方

段	目数	増し方
18	114目	6目増す
16,17	108目	増減なし
15	108目	6目増す
13,14	102目	増減なし
12	102目	毎段6目増す
11	96目	増減なし
10	90目	毎段6目増す
9	90目	増減なし
8	84目	毎段6目増す
7	78目	増減なし
6	78目	毎段6目増す
5	72目	増減なし
4	66目	増減なし
3	66目	毎段6目増す
2	60目	毎段6目増す
1		くさりの両側から54目拾う

J. 変わりこま編みのトートバッグ 写真 20・21 ページ

◎用意するもの

糸　ハマナカ コマコマ（40g玉巻）
　　a.ココアブラウン（15）、**b.**イエロー（3）
　　…各260g

針　ハマナカアミアミ両かぎ針ラクラク8/0号

ゲージ　こま編み　12.5目＝10cm　12段＝9cm
　　　　模様編み　12.5目16.5段＝10cm四方

サイズ　図参照

◎編み方　糸は1本どりで編みます。

①底は糸端を輪にし、こま編みを8目編み入れます。2段めからは図のように増し目をしながら編みます。

②続けて側面をこま編み、模様編みで増減なく輪に編みます。

③持ち手はくさり編みを40目作り目し、こま編みで往復に編みます。

④持ち手を側面の内側にとじつけます。

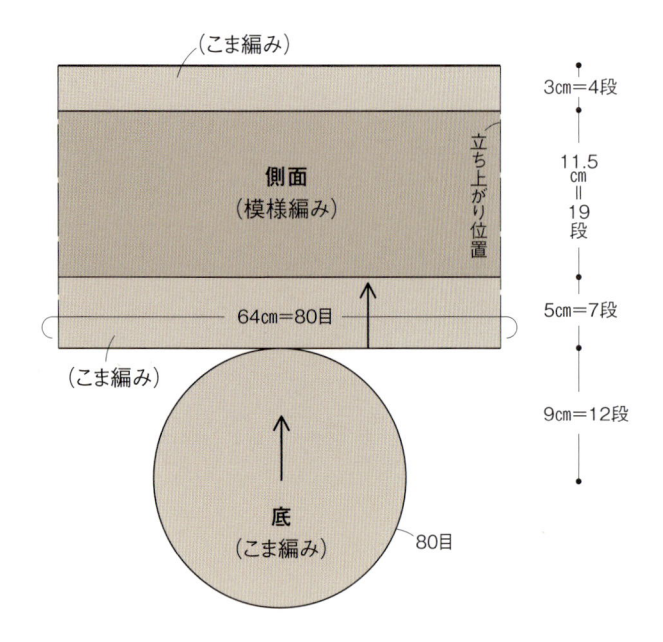

持ち手（こま編み）
2本

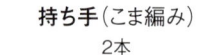

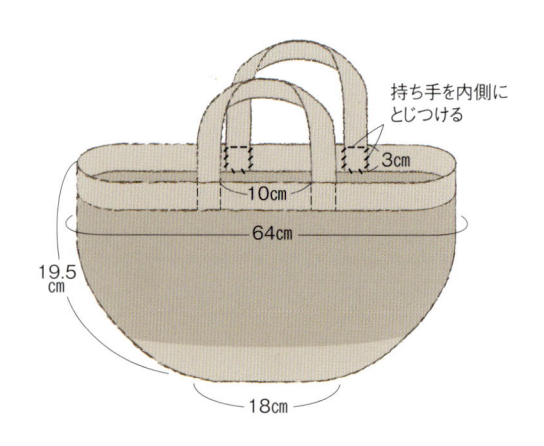

 の編み方　※わかりやすいように糸の色をかえて解説しています。

① 前段、前々段を編みくるみながら矢印のようにかぎ針を入れて糸を長めに引き出す。

② かぎ針に糸をかけてこま編みを編む。

③ こま編み1目が編めた。同じ要領で同じ目に3目ずつこま編みを編み入れる。

④ こま編み3目が編めた。

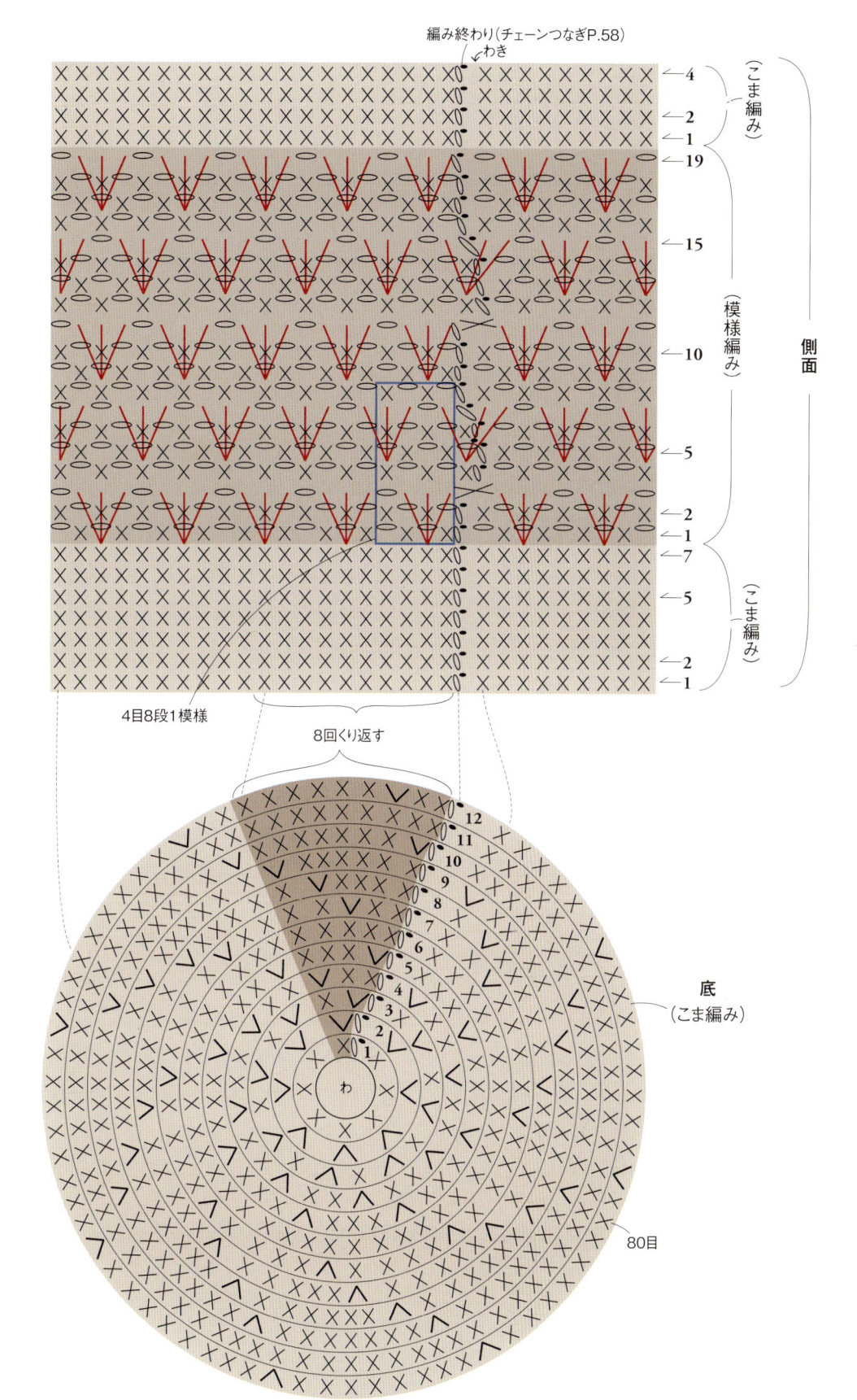

編み終わり（チェーンつなぎP.58）
←わき

側面

（こま編み）
←4
←2
←1

←19

（模様編み）
←15
←10
←5
←2
←1

←7

（こま編み）
←5
←2
←1

 ＝くさり編み

✕ ＝こま編み

● ＝引き抜き編み

∨ ＝ \✕/ こま編み2目編み入れる

＝前段、前々段を編み
くるみながらこま編み
3目編み入れる

4目8段1模様

8回くり返す

底
（こま編み）

わ

80目

底の目数と増し方

段	目数	増し方
12	80目	8目増す
11	72目	増減なし
10	72目	毎段8目増す
9	64目	
8	56目	
7	48目	
6	40目	増減なし
5	40目	毎段8目増す
4	32目	
3	24目	
2	16目	
1	8目編み入れる	

63

K. タッセルつきの角底バッグ 写真22ページ

◎用意するもの

糸 ハマナカ コマコマ（40g玉巻） ベージュ（2）…235g
針 ハマナカアミアミ両かぎ針ラクラク8/0号
ゲージ 模様編み 16目15.5段＝10cm四方
サイズ 図参照

◎編み方 糸は1本どりで編みます。

①底はくさり編み36目を作り目し、模様編みで増減なく11段編みます。

②続けて側面を模様編みで毎段編み方向を変えながら輪に増減なく編み、糸を切ります。

③指定の位置に糸をつけ、入れ口と持ち手、ふたをそれぞれ模様編みで編みます。

④持ち手の合い印どうしをつき合わせにして巻きかがります。

⑤タッセルを作り、ふた先にとじつけます。

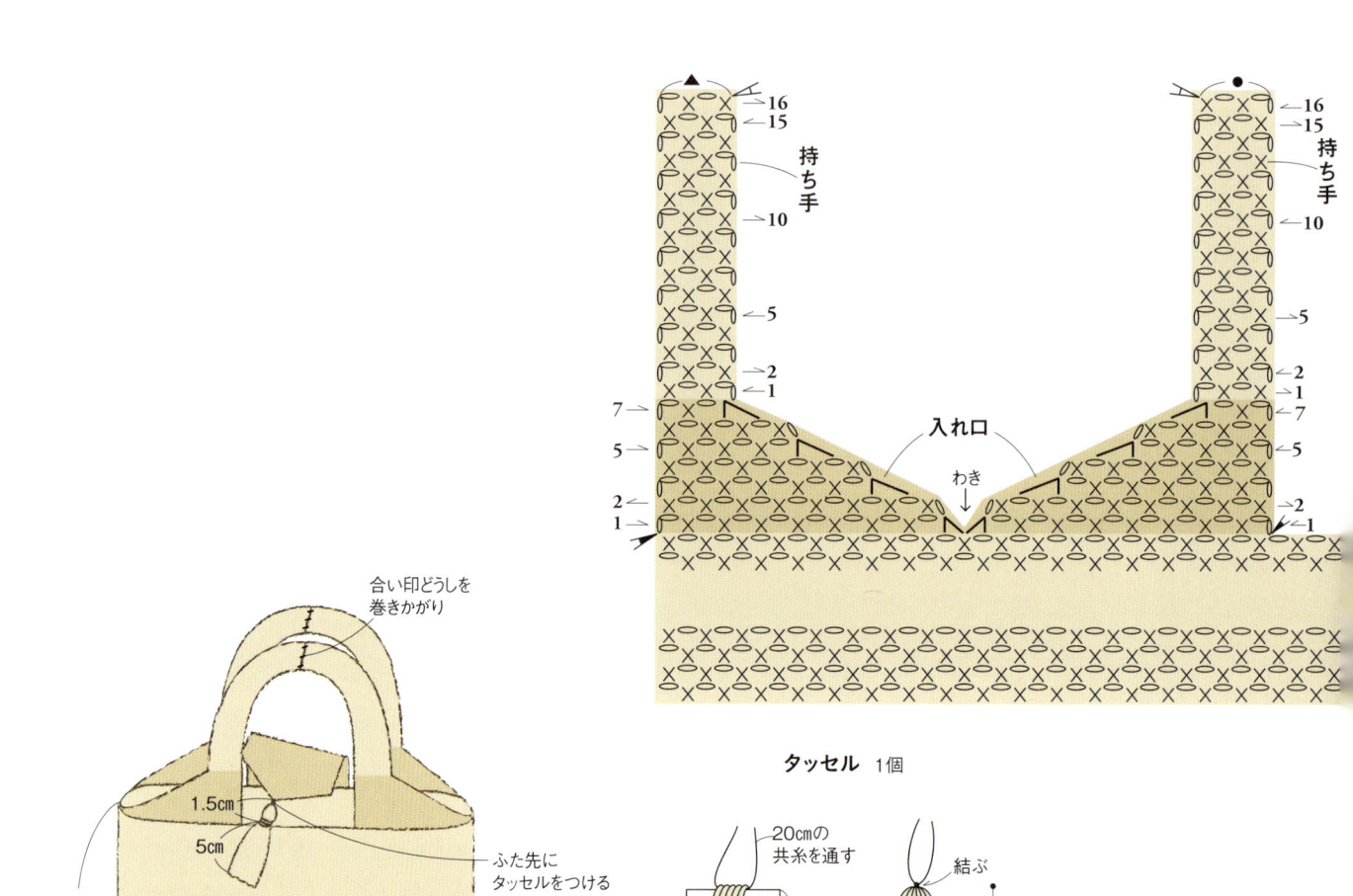

合い印どうしを
巻きかがり

1.5cm

5cm

ふた先に
タッセルをつける

17cm

60cm

22cm

7cm

持ち手
←16
←15
→10
←5
←2
←1

入れ口
わき

7→
5→
2→
1→

7
5
2
1

タッセル 1個

20cmの
共糸を通す

厚紙 7

15回巻く

結ぶ
結ぶ
1.5
5

切り揃える

64

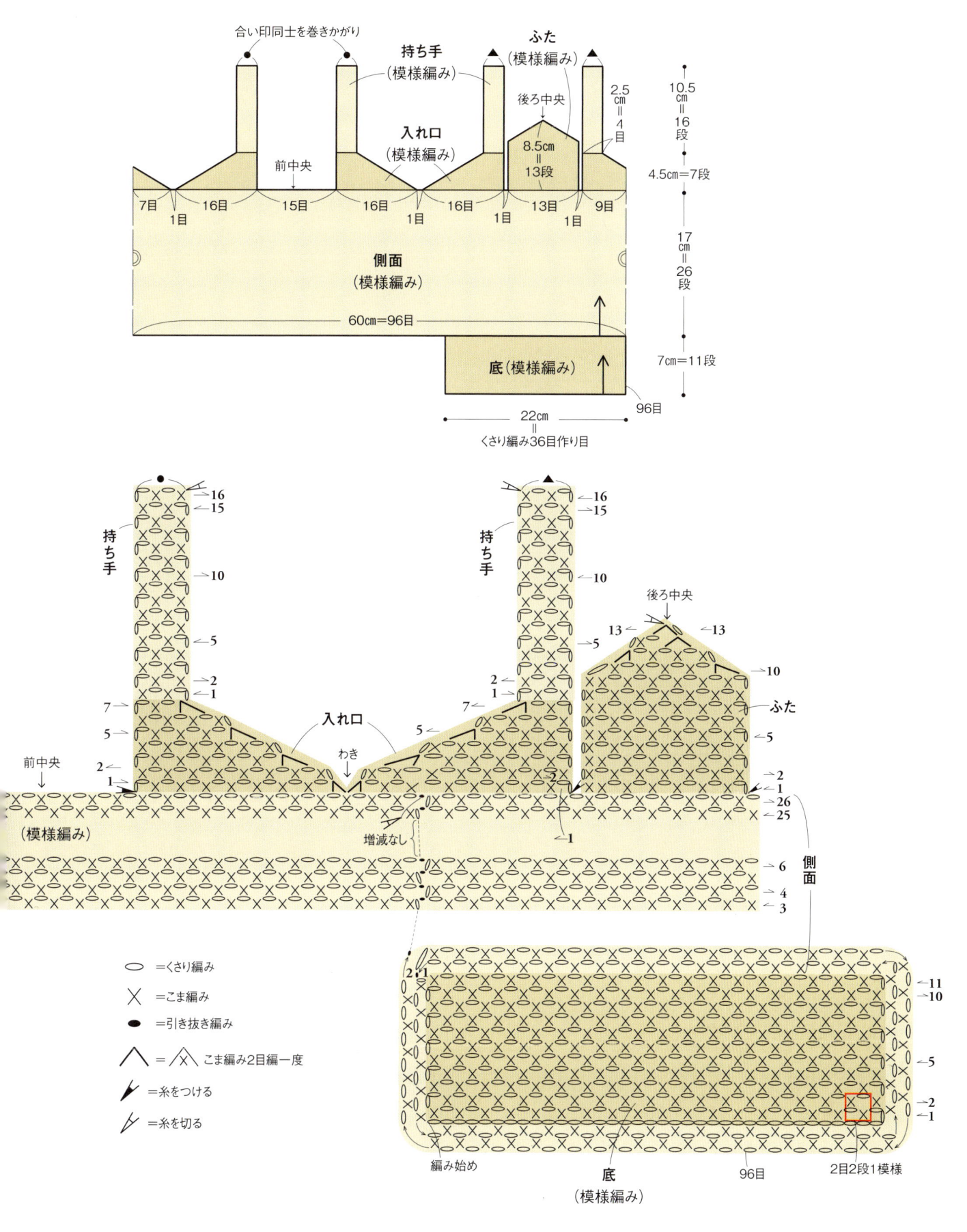

側面（模様編み）

合い印同士を巻きかがり

持ち手（模様編み）

ふた（模様編み）

後ろ中央

2.5cm＝4目

入れ口（模様編み）

8.5cm＝13段

前中央

7目　1目　16目　15目　16目　1目　16目　1目　13目　1目　9目

60cm＝96目

底（模様編み）

22cm＝くさり編み36目作り目

96目

10.5cm＝16段
4.5cm＝7段
17cm＝26段
7cm＝11段

○＝くさり編み
✕＝こま編み
●＝引き抜き編み
∧＝こま編み2目編一度
＝糸をつける
＝糸を切る

前中央

（模様編み）

持ち手
16
15
10
5
2
1
7
5
2
1

入れ口
わき
増減なし

5
2
1
7

持ち手
16
15
10
5
2
1

後ろ中央
13　13
10
5
ふた
2
1
26
25
6
4
3
5
2
1

側面

編み始め

底（模様編み）

96目

2目2段1模様

11
10
5
2
1
2　1

L. 長編み交差のビッグバッグ 写真23ページ

◎用意するもの

糸	ハマナカ コマコマ （40g玉巻） モスグリーン（9） …525g
針	ハマナカアミアミ両かぎ針 ラクラク8/0号
ゲージ	模様編みA　15目9段＝ 10cm四方 模様編みB　15目7.5段＝ 10cm四方
サイズ	図参照

◎編み方　糸は1本どりで編みます。

①底はくさり編み47目を作り目し、模様編みAで往復に15段編みます。

②続けて底のまわりに側面を模様編みBで輪に編み、糸を切ります。

③指定の位置に糸をつけ、入れ口と持ち手を模様編みAで往復に編みます。

④持ち手の合い印どうしをつき合わせにして巻きかがります。

⑤入れ口と持ち手のまわりに縁編みを編みます。

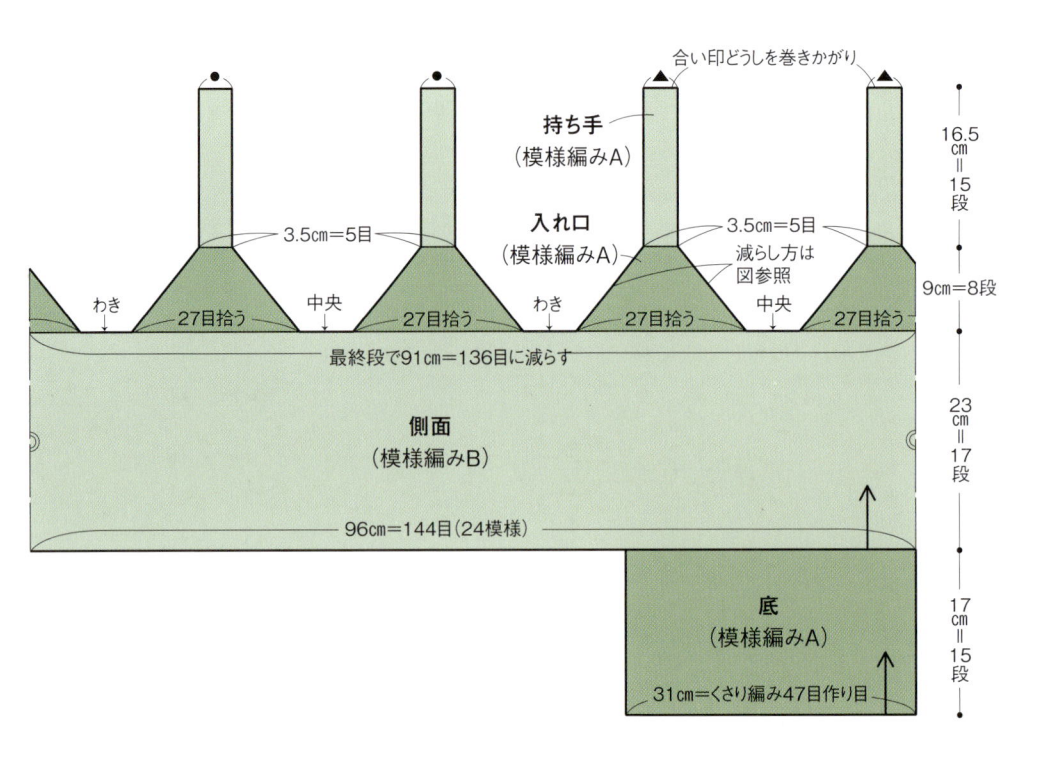

持ち手（模様編みA）
入れ口（模様編みA）
合い印どうしを巻きかがり
3.5cm＝5目
減らし方は図参照
16.5cm＝15段
9cm＝8段
わき　27目拾う　中央　27目拾う　わき　27目拾う　中央　27目拾う
最終段で91cm＝136目に減らす
側面（模様編みB）
23cm＝17段
96cm＝144目（24模様）
底（模様編みA）
17cm＝15段
31cm＝くさり編み47目作り目

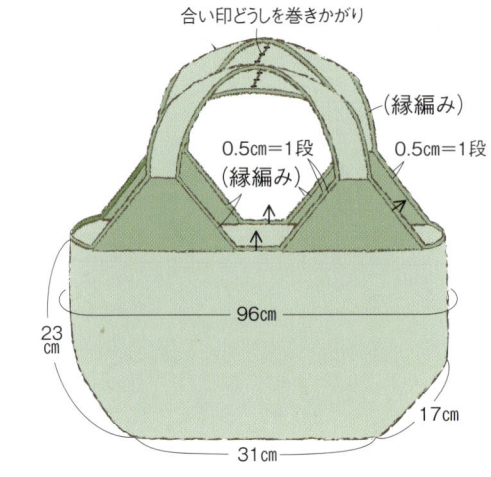

合い印どうしを巻きかがり
（縁編み）
0.5cm＝1段（縁編み）
0.5cm＝1段
96cm
23cm
31cm
17cm

 の編み方　※わかりやすいように糸の色をかえて解説しています。

①2目飛ばして長編みを1目編み、くさり編み1目を編む。かぎ針に糸をかけ、矢印のように針を入れる。

②かぎ針に糸をかけて引き出し、矢印のように引き抜く。

③もう一度かぎ針に糸をかけて引き抜く。

④先に編んだ目をあとから編んだ長編みで編みくるんだところ。

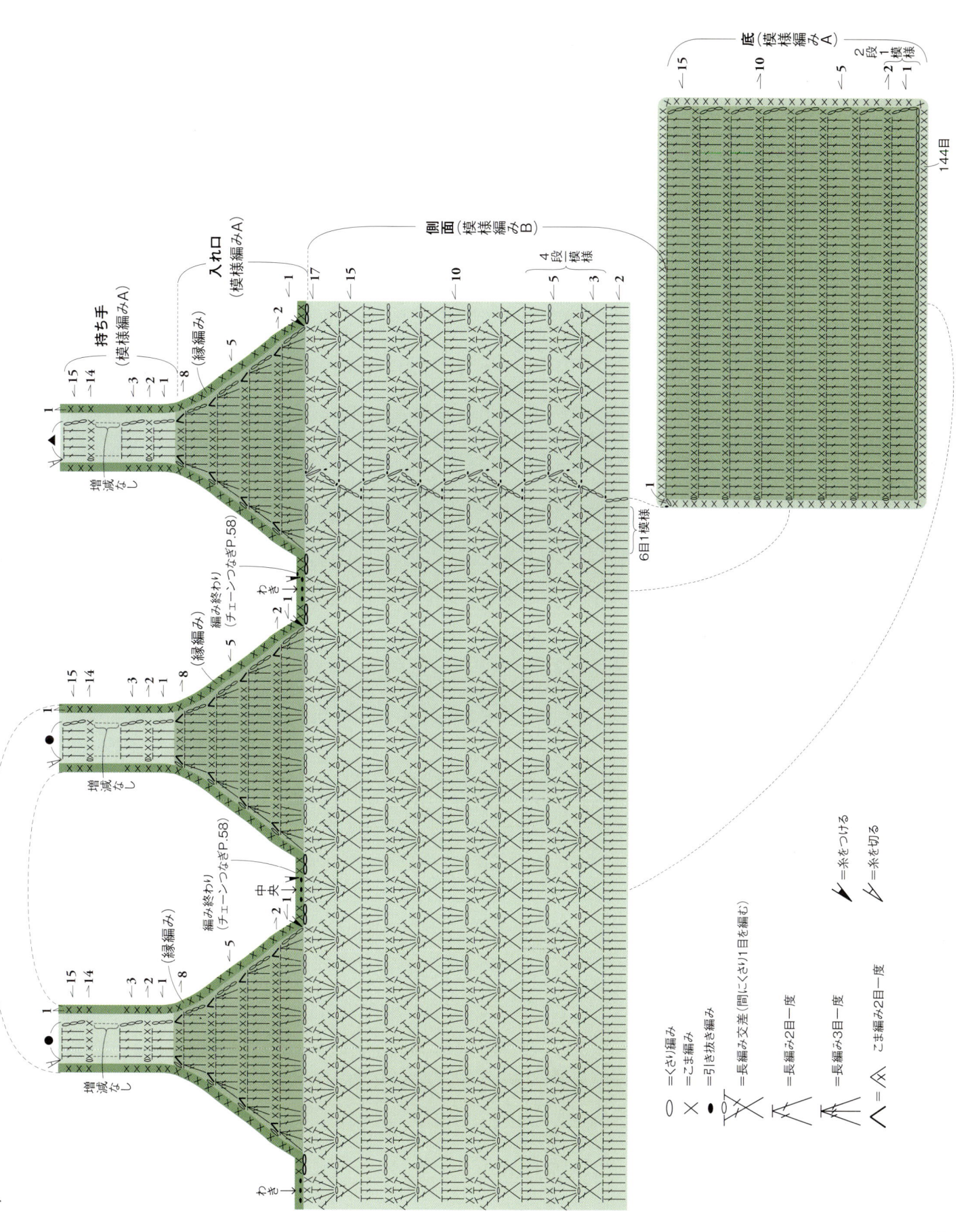

底（模様編みA）

持ち手（模様編みA）

入れ口（模様編みA）

側面（模様編みB）

縁編み

6目1模様

○ ＝くさり編み
× ＝こま編み
● ＝引き抜き編み
＝長編み交差（間にくさり1目を編む）
＝長編み2目一度
＝長編み3目一度
∧＝∧ ＝こま編み2目一度
＝糸をつける
＝糸を切る

144目

67

M. ラビット模様の編み込みバッグ 写真24・25ページ

◎用意するもの

糸 ハマナカ コマコマ（40g玉巻）
　　a. ネイビー（11）…220g　ホワイト（1）…60g
　　b. オレンジ（8）…220g　ホワイト（1）…60g

針 ハマナカアミアミ両かぎ針ラクラク7/0号

ゲージ こま編み　14.5目＝10cm　6段＝4cm
　　こま編みのすじ編みの編み込み模様
　　14.5目14段＝10cm四方

サイズ 図参照

◎編み方　糸は1本どりで、指定の配色で編みます。

①底はくさり編み40目を作り目し、こま編みで往復に6段編み、まわりに1段編みます。

②続けて側面をこま編みのすじ編みの編み込み模様とこま編みで増減なく輪に編みます。

③持ち手は入れ口から続けてくさり編みで25目を作り目し、入れ口と持ち手をこま編みで続けて編みます。最終段は引き抜き編みで編みます。

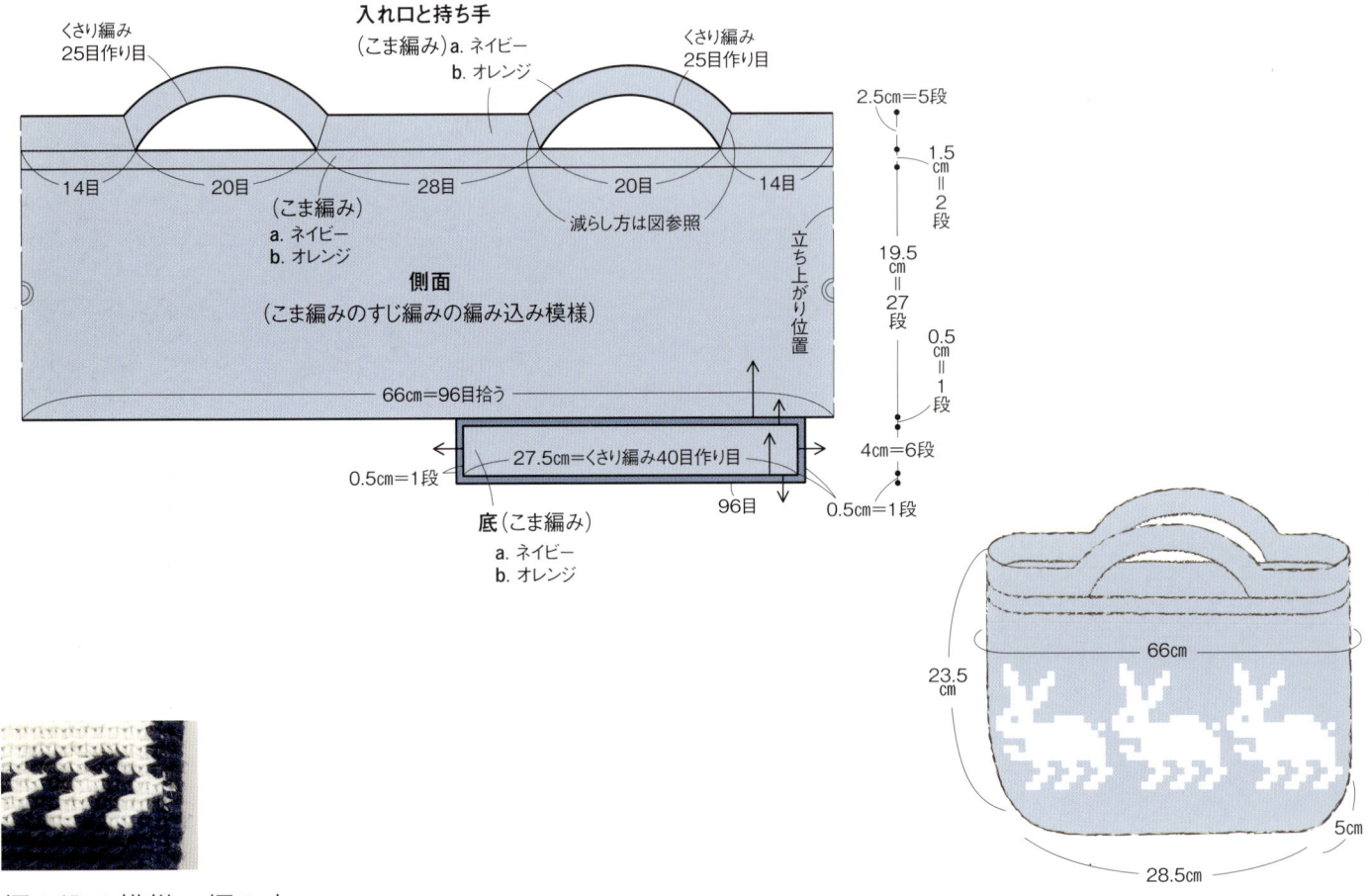

入れ口と持ち手
（こま編み）a. ネイビー
　　　　　　b. オレンジ

くさり編み25目作り目

14目　20目　28目　20目　14目

（こま編み）
a. ネイビー
b. オレンジ

減らし方は図参照

側面
（こま編みのすじ編みの編み込み模様）

66cm＝96目拾う

立ち上がり位置

2.5cm＝5段
1.5cm＝2段
19.5cm＝27段
0.5cm＝1段
4cm＝6段
0.5cm＝1段

27.5cm＝くさり編み40目作り目
0.5cm＝1段
96目

底（こま編み）
a. ネイビー
b. オレンジ

23.5cm
66cm
28.5cm
5cm

編み込み模様の編み方

① 6段めの立ち上がりの目を編む時に配色糸の糸端をはさんで編む。

② 配色糸を沿わせて編みくるみながら、こま編みのすじ編みを1目編む。

③ 配色糸を編む。1目手前の目を引き抜く時に配色糸にかえて引き抜く。休ませた目（ネイビー）を沿わせて編みくるみながら編み進む。

④ 地糸に糸をかえる時は1目手前の目を引き抜く時に糸をかえて引き抜く。

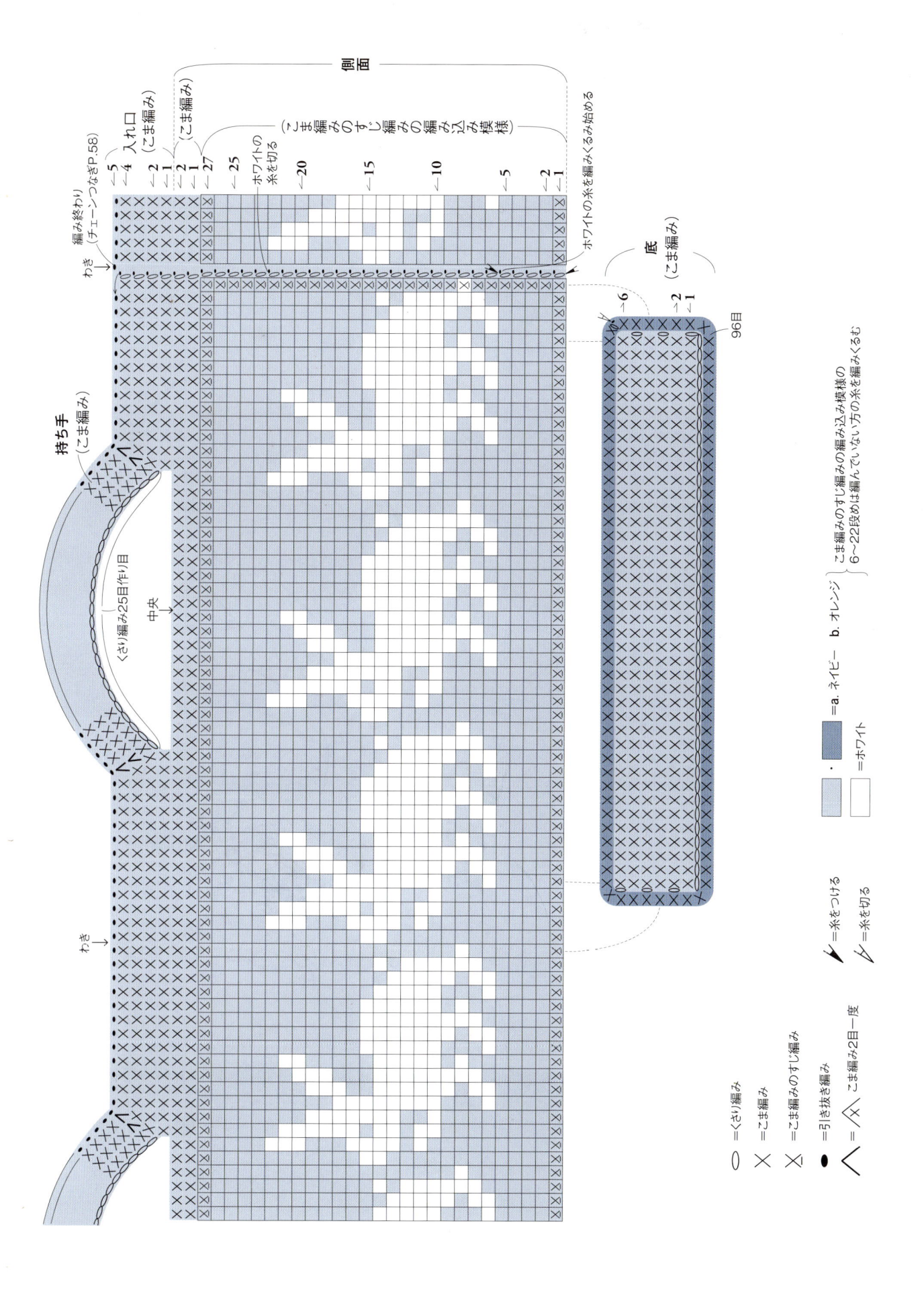

N. レーシー模様のペタンコバッグ　写真26ページ

◎用意するもの

糸　ハマナカ コマコマ（40g玉巻）　ネイビー（11）…270g
針　ハマナカアミアミ両かぎ針ラクラク7/0号、8/0号
ゲージ　こま編み、こま編みのすじ編み（7/0号針）
　　　14目＝10cm　5段＝3cm
　　　模様編みA　1模様＝4.4cm　7.5段＝10cm
　　　こま編みのすじ編み（8/0号針）
　　　13.5目＝10cm　5段＝3.5cm
サイズ　図参照

◎編み方　糸は1本どりで、指定の針で編みます。

①底はくさり編み31目を作り目し、こま編みで図のように増し目を
　しながら編みます。

②続けて側面をこま編みのすじ編み、模様編みAで輪に編みます。
　最終段は引き抜き編みを編みます。

③持ち手はくさり編み3目を作り目して模様編みBで58段を往復に
　編み、続けて中央のくさり編み1目に1目ずつ引き抜き編みを編
　みつけます。

④持ち手を側面の内側にとじつけます。

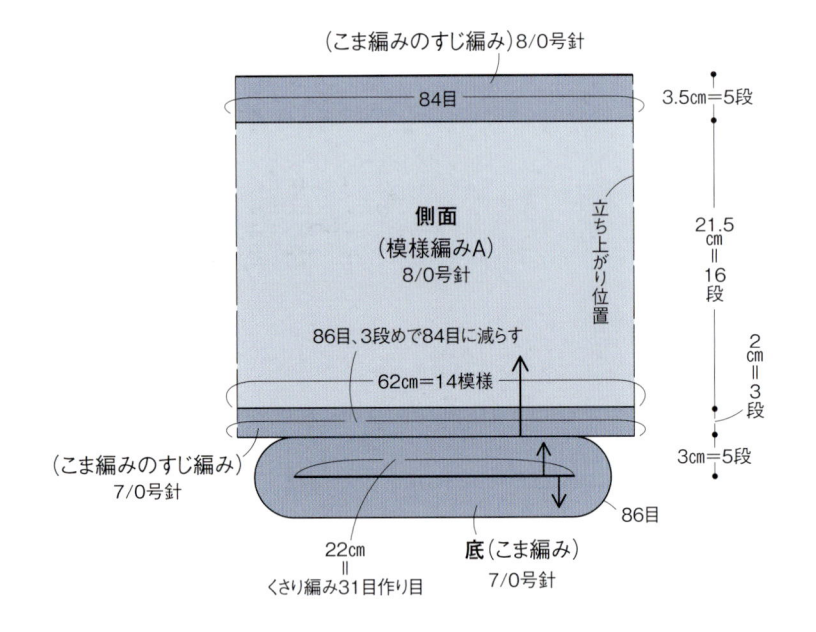

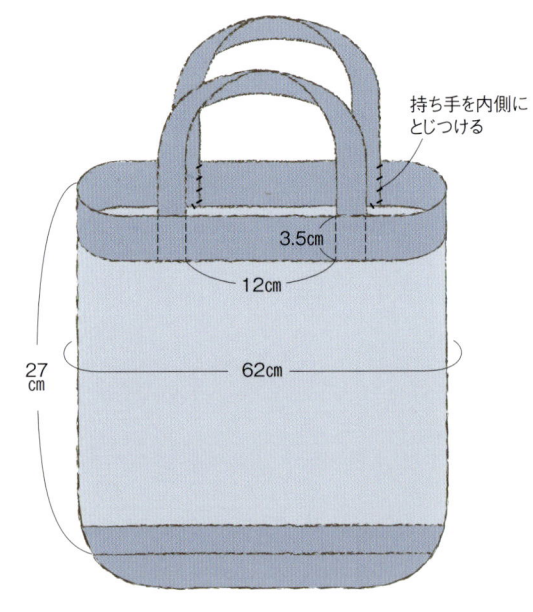

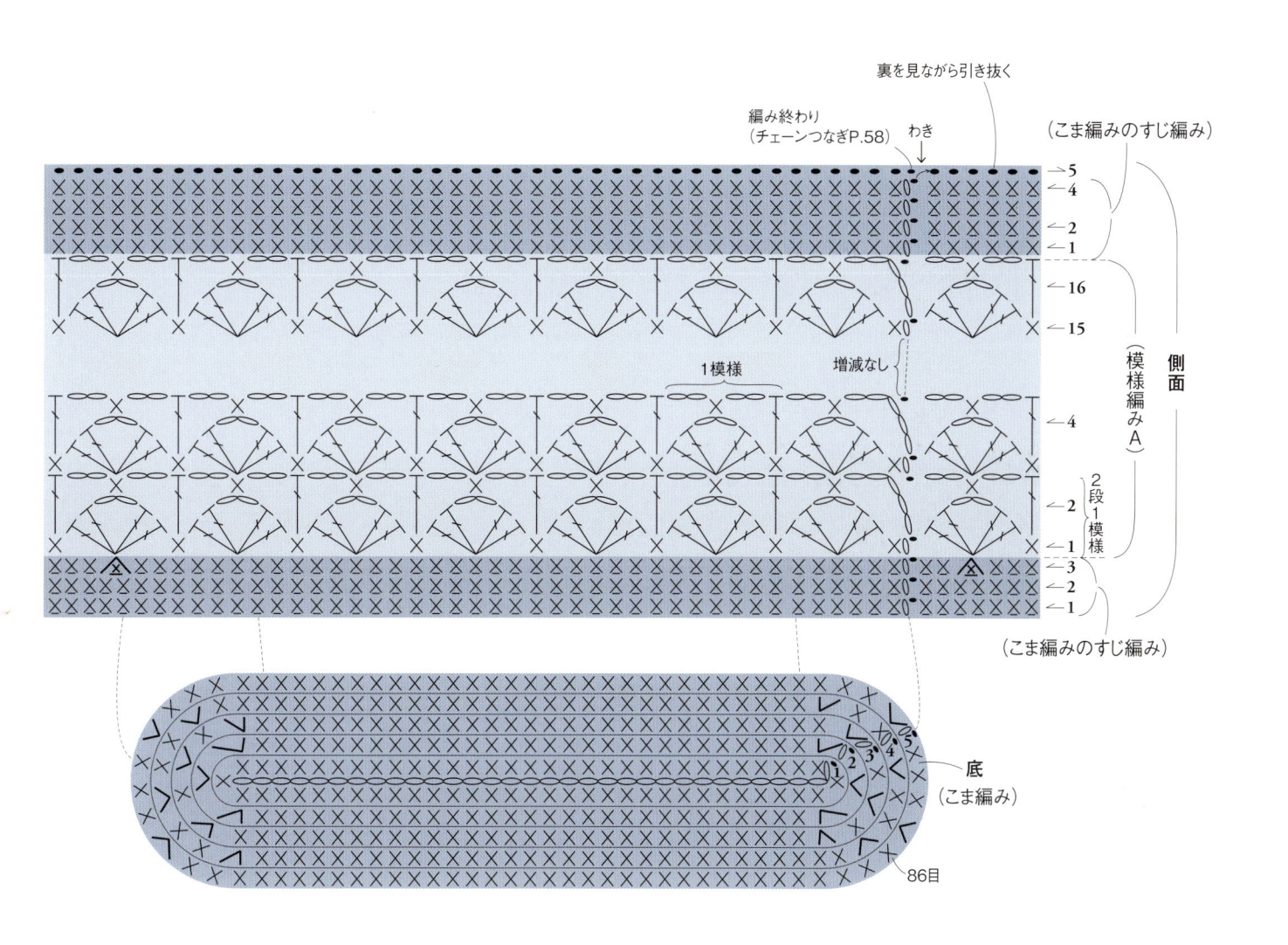

裏を見ながら引き抜く

編み終わり
（チェーンつなぎP.58）　わき

（こま編みのすじ編み）

→5
→4
→2
→1

→16
→15

1模様　　増減なし

（模様編みA）　側面

→4

→2
→1

2段1模様

→3
→2
→1

（こま編みのすじ編み）

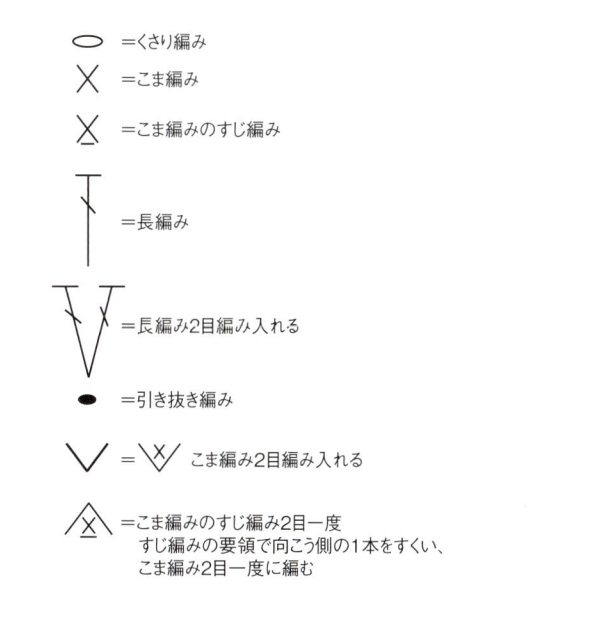

底
（こま編み）

86目

底の目数と増し方

段	目数	増し方
5	86目	4目増す
4	82目	毎段6目増す
3	76目	
2	70目	
1	くさりの両側から64目拾う	

○ ＝くさり編み

✕ ＝こま編み

✕ ＝こま編みのすじ編み

T ＝長編み

V（長編み） ＝長編み2目編み入れる

● ＝引き抜き編み

∨ ＝ こま編み2目編み入れる

⩟ ＝こま編みのすじ編み2目一度
すじ編みの要領で向こう側の1本をすくい、
こま編み2目一度に編む

シェル模様のおしゃれバッグ 写真27ページ

◎用意するもの

糸　ハマナカ コマコマ（40g玉巻）　イエロー（3）…230g

針　ハマナカアミアミ両かぎ針ラクラク7.5/0号

ゲージ　模様編み　18目6.5段＝10cm四方

サイズ　図参照

◎編み方　糸は1本どりで編みます。

①側面は入れ口側でくさり編み25目を作り目し、模様編みで図のように編みます。

②まちを長編みで1段編みます。同じものを2枚編みます。

③まちを中表に重ね、外側半目ずつを引き抜いてとじ合わせます。

④あき口に1段めのこま編みを編みつけ、続けて持ち手のくさり編み50目を作り目し、もう片方のあき口と持ち手を編みます。2段めはすべてこま編みで160目を編みます。

⑤入れ口と持ち手の内側にこま編み1段を編みます。

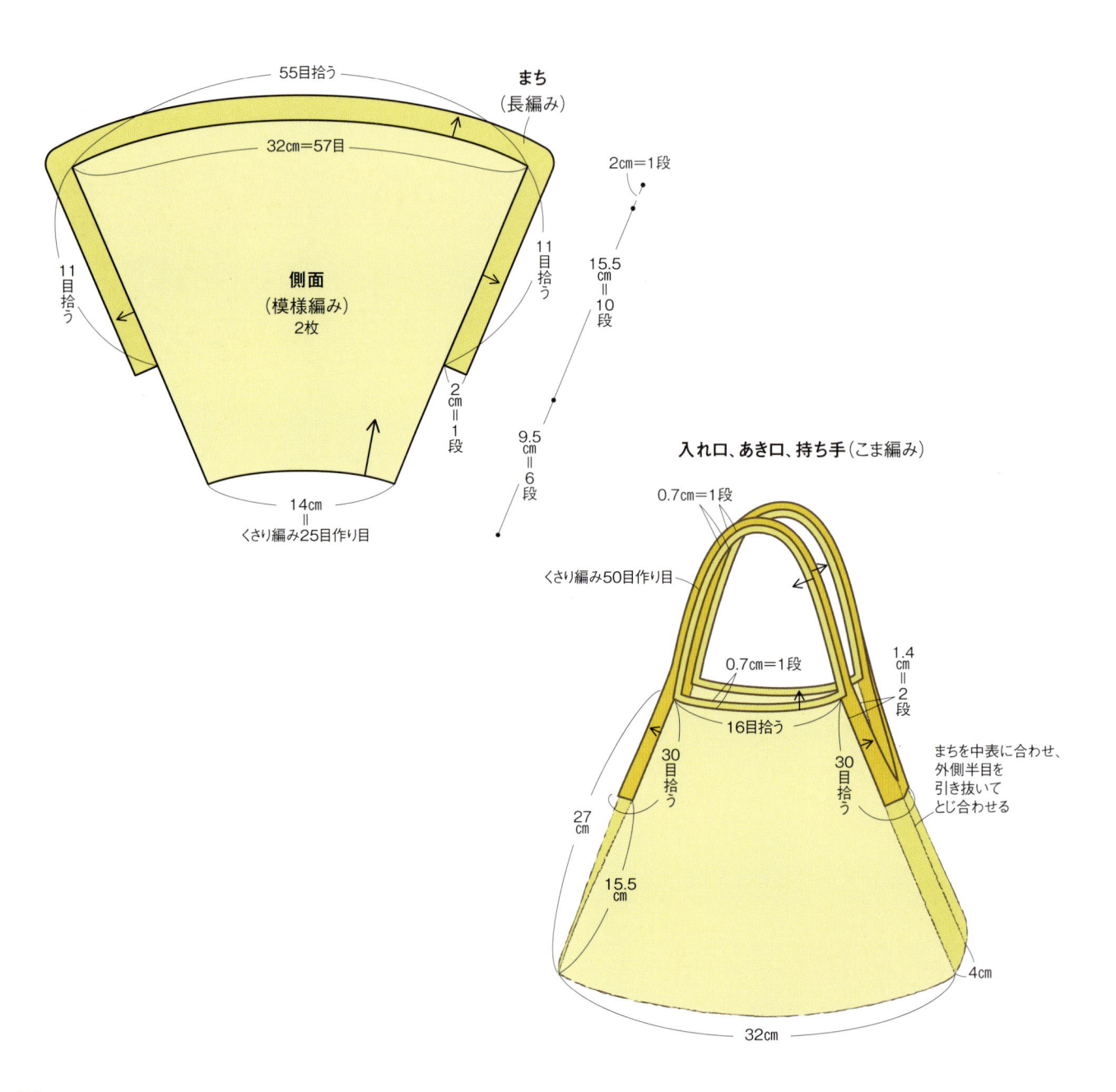

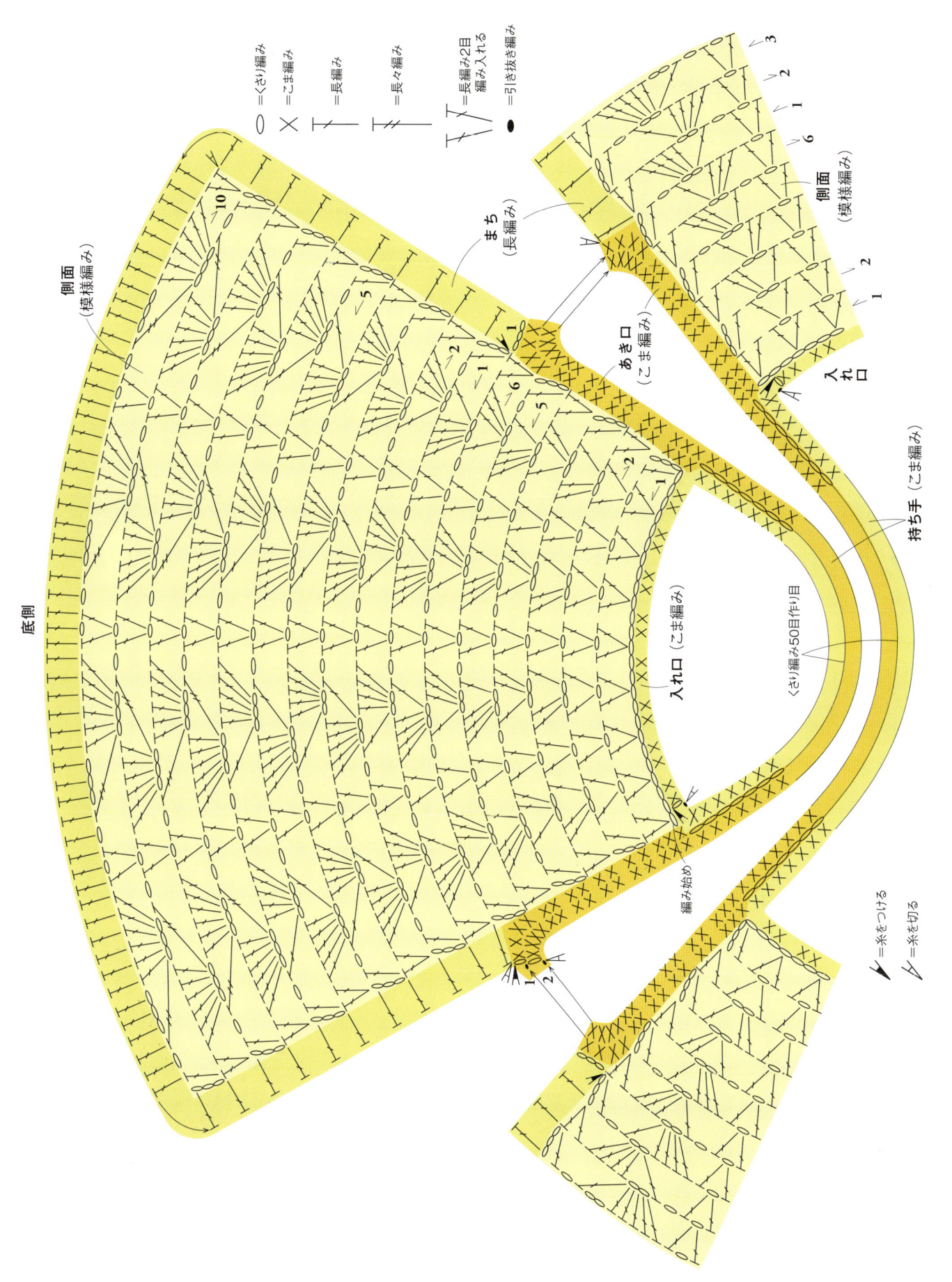

2つのマルシェバッグ　写真30・31ページ

◎用意するもの

糸　**a.**ハマナカ コマコマ（40g玉巻）コバルトブルー（16）
　　…285g

　　b.ハマナカ コマコマ　レッド（7）…370g

　　ハマナカ エコアンダリヤ《クロッシェ》（30g玉巻）

　　ベージュ（803）…70g

針　　ハマナカアミアミ両かぎ針ラクラク**a.**8/0号　**b.**9/0号

ゲージ　こま編み　**a.**15.5目16.5段＝10cm四方

　　　　　　b.13目14段＝10cm四方

サイズ　図参照

◎編み方

糸は**a.**はコバルトブルー1本どり、**b.**はレッドとベージュ各1本ずつを引き揃えた2本どりで編みます。

①底は糸端を輪にし、こま編みを8目編み入れます。2段めからは立ち上がりをつけずに、増し目をしながら編みます。

②続けて側面をこま編みで増し目をしながら輪に編みます。

③持ち手は指定の位置にくさり編み30目を作り目し、入れ口と持ち手を続けて図のように編み、最終段は引き抜き編みを編みます。

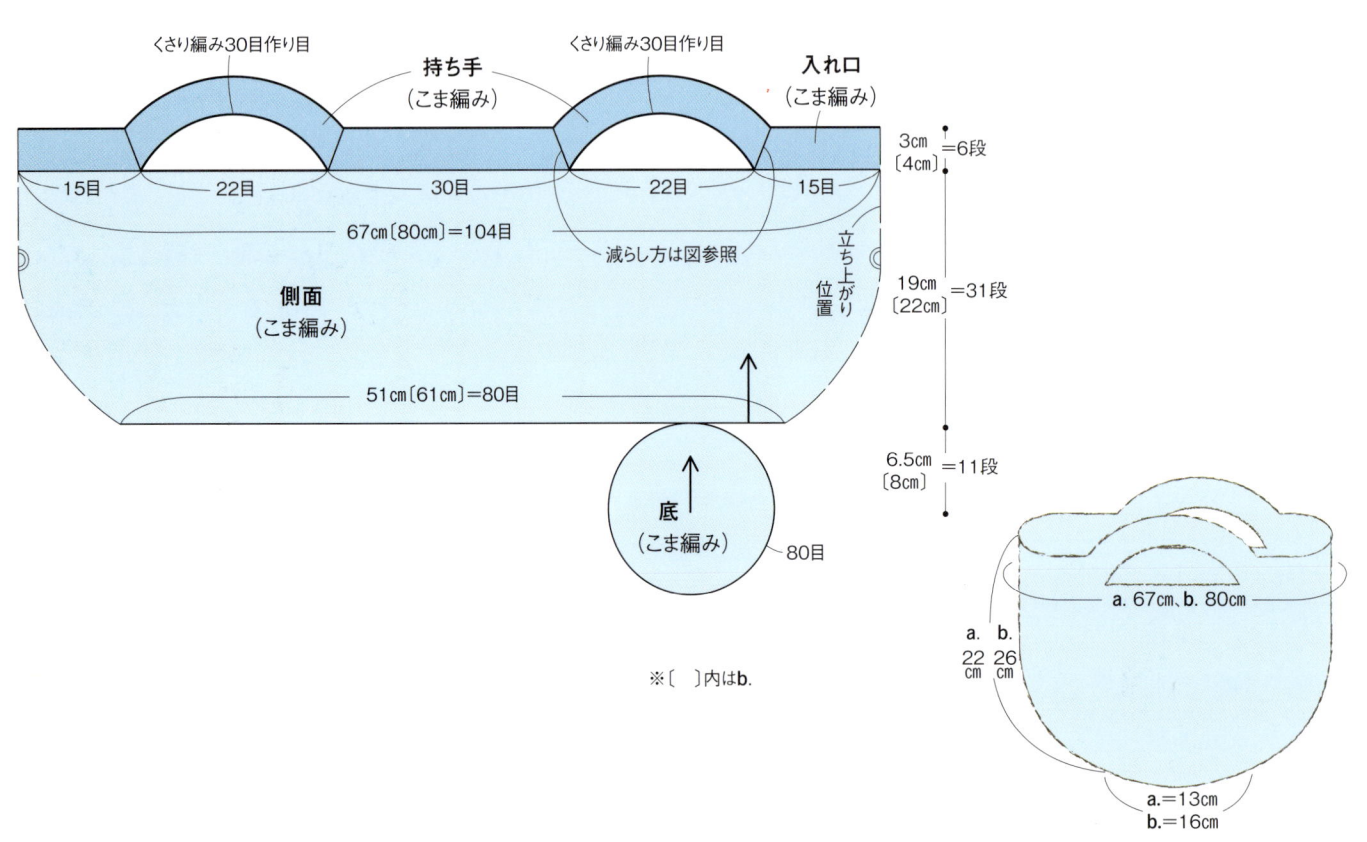

立ち上がりをつけずに輪に編む方法

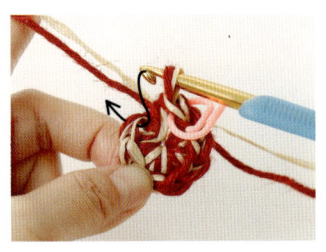

①糸端を輪にする方法で作り目をして1段めのこま編みを8目編み、編み終わりに印をつけておく。1段めの1目めのこま編みの頭にかぎ針を入れる。

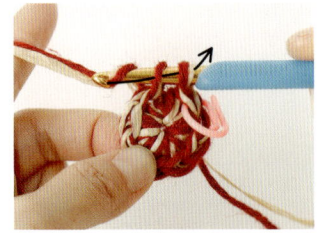

②かぎ針に糸をかけ、立ち上がりのくさり目を編まずにこま編みを編む。

③同じ目にこま編みをもう1目編み、こま編み2目編み入れる。

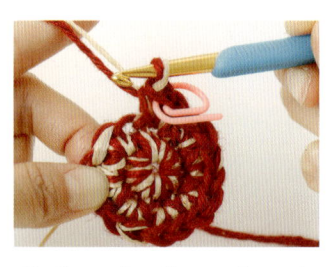

④続けて編み進み、2段めの編み終わりに印を移す。立ち上がりのくさり目を編まずに編み進む。

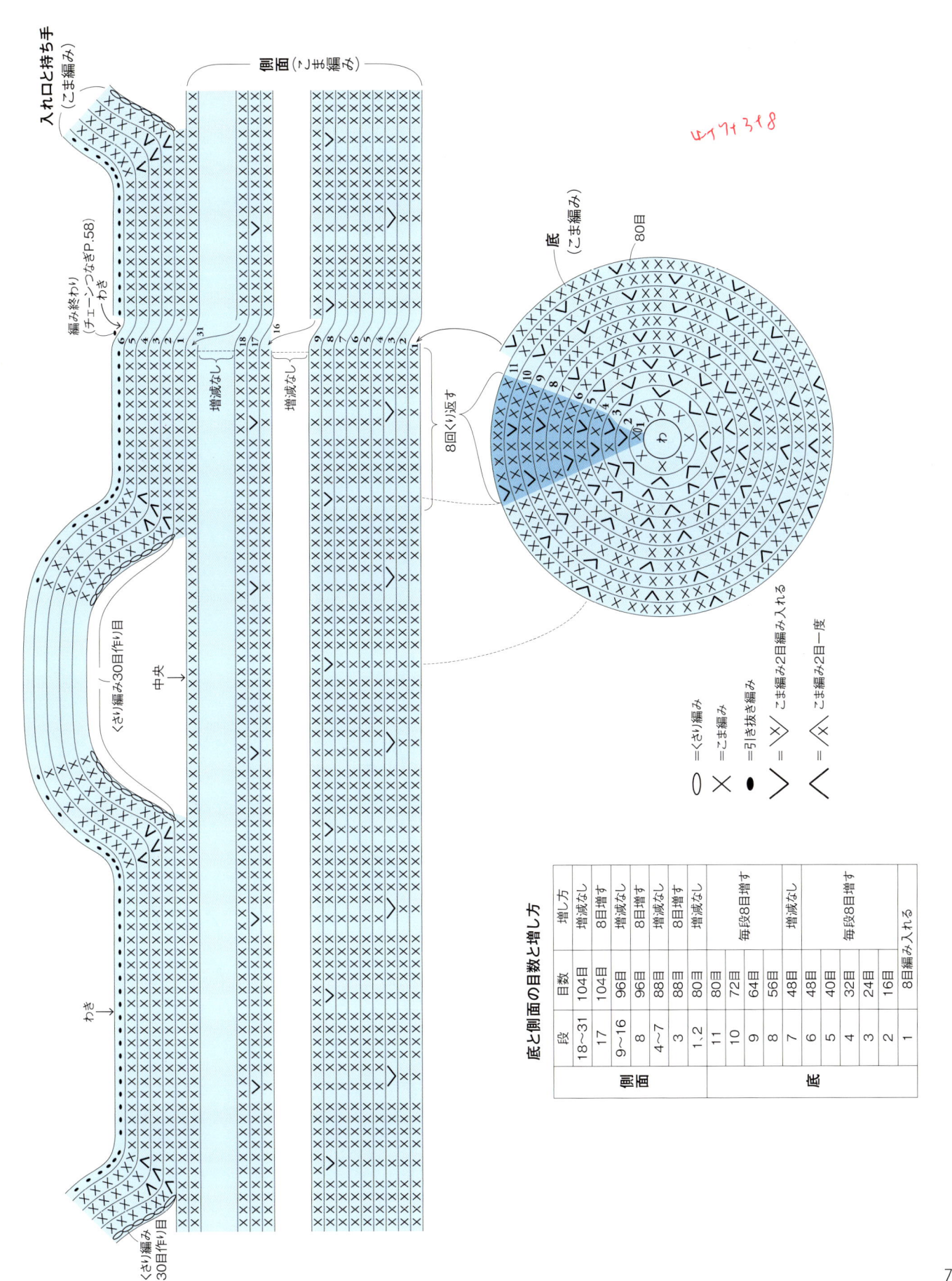

底と側面の目数と増し方

	段	目数	増し方
側面	18~31	104目	増減なし
	17	104目	8目増す
	9~16	96目	増減なし
	8	96目	8目増す
	4~7	88目	増減なし
	3	88目	8目増す
	1,2	80目	増減なし
底	11	80目	増減なし
	10	72目	毎段8目増す
	9	64目	
	8	56目	
	7	48目	増減なし
	6	48目	
	5	40目	毎段8目増す
	4	32目	
	3	24目	
	2	16目	
	1		8目編み入れる

○ = くさり編み

× = こま編み

● = 引き抜き編み

∨ = こま編み2目編み入れる

∧ = こま編み2目一度

R. グラニーバッグ 写真32ページ

◎用意するもの

糸 ハマナカ コマコマ（40g玉巻）
ホワイト（1）…320g
ハマナカ エコアンダリヤ（40g玉巻）
ブライトネイビー（186）…75g

針 ハマナカアミアミ両かぎ針ラクラク8/0号、7/0号

その他 外径14cmの竹型ハンドル丸型（中）（H210-623-1）
1組

ゲージ 模様編みA（8/0号針）1模様＝4.5cm
1模様（4段）＝4cm

サイズ 図参照

ハマナカ 竹型ハンドル

◎編み方 糸は1本どりで、指定の色、針で編みます。

①側面は底側でくさり編みで121目作り目をし、模様編みAを8/0
号針で11段編みます。

②続けて7/0号で模様編みA、Bを編み、持ち手どめのこま編み7段
を編みます。反対側の側面を同様に編みます。

③両端の入れ口にこま編み2段を編みます。

④持ち手どめで持ち手をくるみ、内側でまつります。

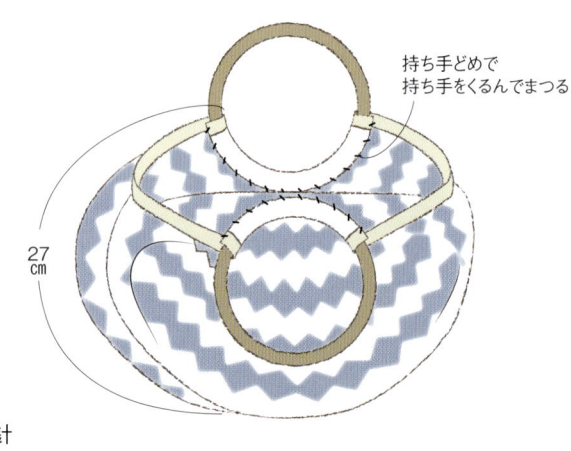

持ち手どめで
持ち手をくるんでまつる

27
cm

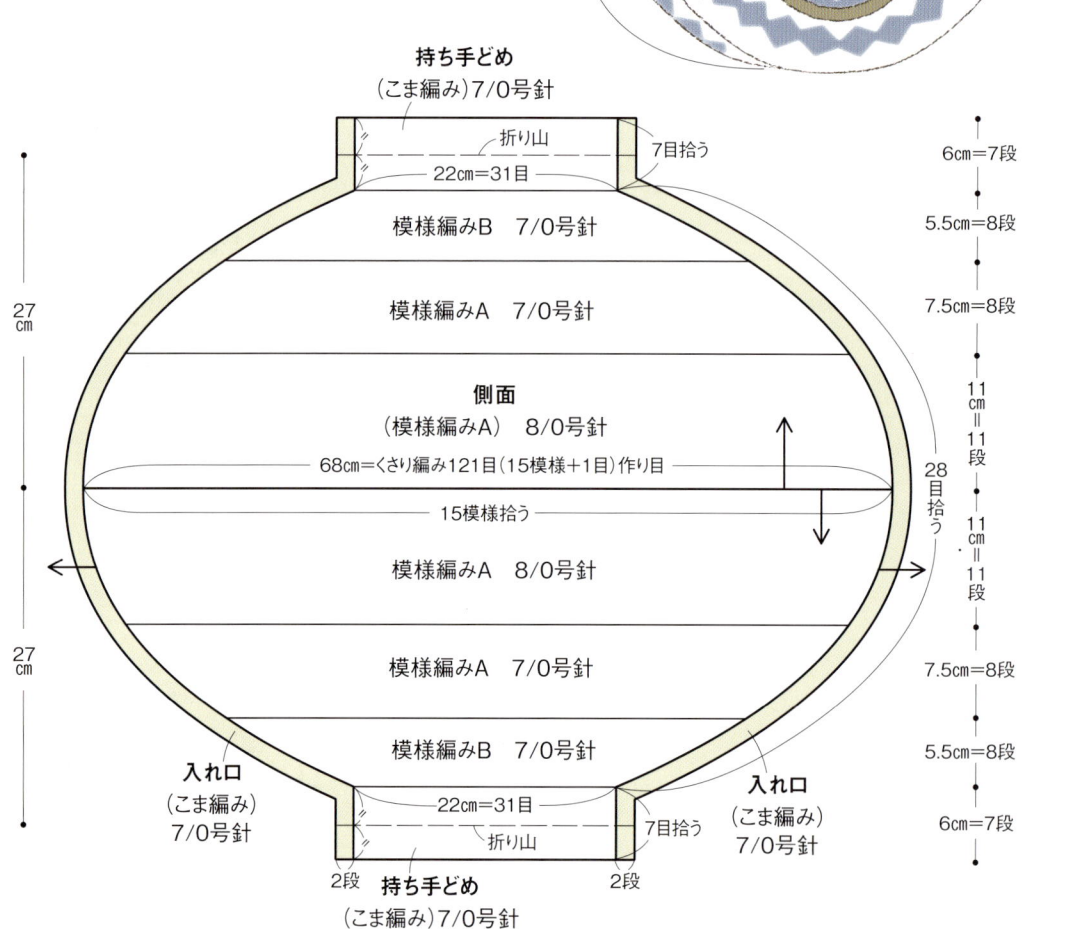

持ち手どめ
（こま編み）7/0号針

折り山

22cm＝31目

7目拾う

6cm＝7段

模様編みB　7/0号針

5.5cm＝8段

模様編みA　7/0号針

7.5cm＝8段

側面
（模様編みA）　8/0号針

68cm＝くさり編み121目（15模様＋1目）作り目

11
cm
＝
11
段

15模様拾う

模様編みA　8/0号針

28
目
拾
う

11
cm
＝
11
段

模様編みA　7/0号針

7.5cm＝8段

模様編みB　7/0号針

5.5cm＝8段

入れ口
（こま編み）
7/0号針

22cm＝31目

折り山

7目拾う

入れ口
（こま編み）
7/0号針

6cm＝7段

2段

持ち手どめ
（こま編み）7/0号針

2段

27
cm

27
cm

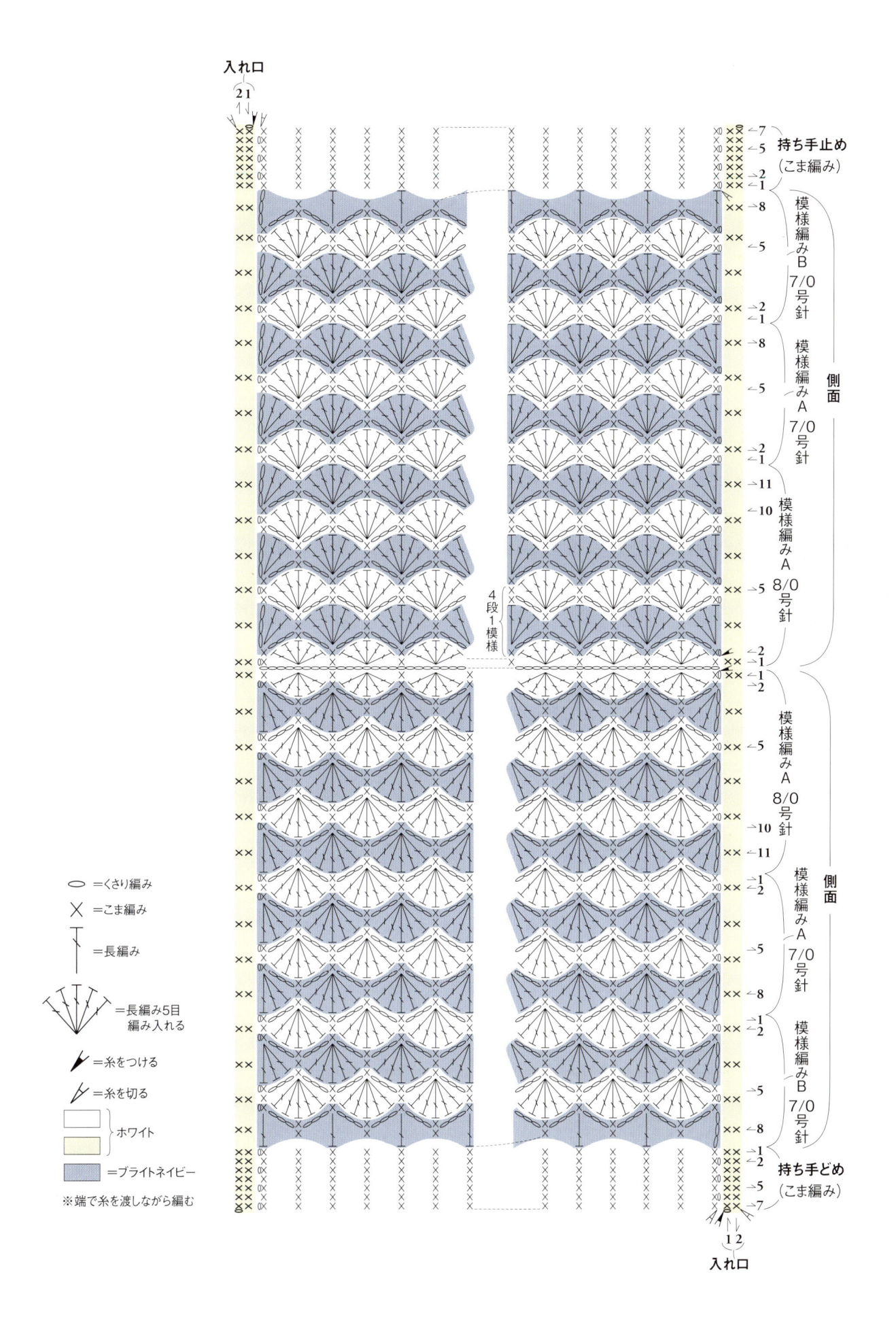

S. 毛糸と麻ひものトートバッグ 写真 33 ページ

◎用意するもの

糸	ハマナカ コマコマ（40g玉巻） コバルトブルー（16）…250g
	ハマナカ ボニー（50g玉巻） ホワイト（401）…60g
	グレー（486）…45g
針	ハマナカアミアミ両かぎ針ラクラク8/0号
ゲージ	こま編み、こま編みのしま模様
	14目＝10cm　13段＝8.5cm
	模様編み　14目＝10cm　4段＝2.5cm
サイズ	図参照

◎編み方　糸は1本どりで、指定の色で編みます。

①底は糸端を輪にし、こま編みを12目編み入れます。2段めからは図のように増し目をしながら編みます。

②続けて側面をこま編み、こま編みのしま模様、模様編みで増し目をしながら輪に編みます。縁編みを編みます。

③持ち手はくさり編みを5目作り目し、こま編みで往復に編み、つき合わせにして巻きかがります。

④持ち手を側面の内側にとじつけます。

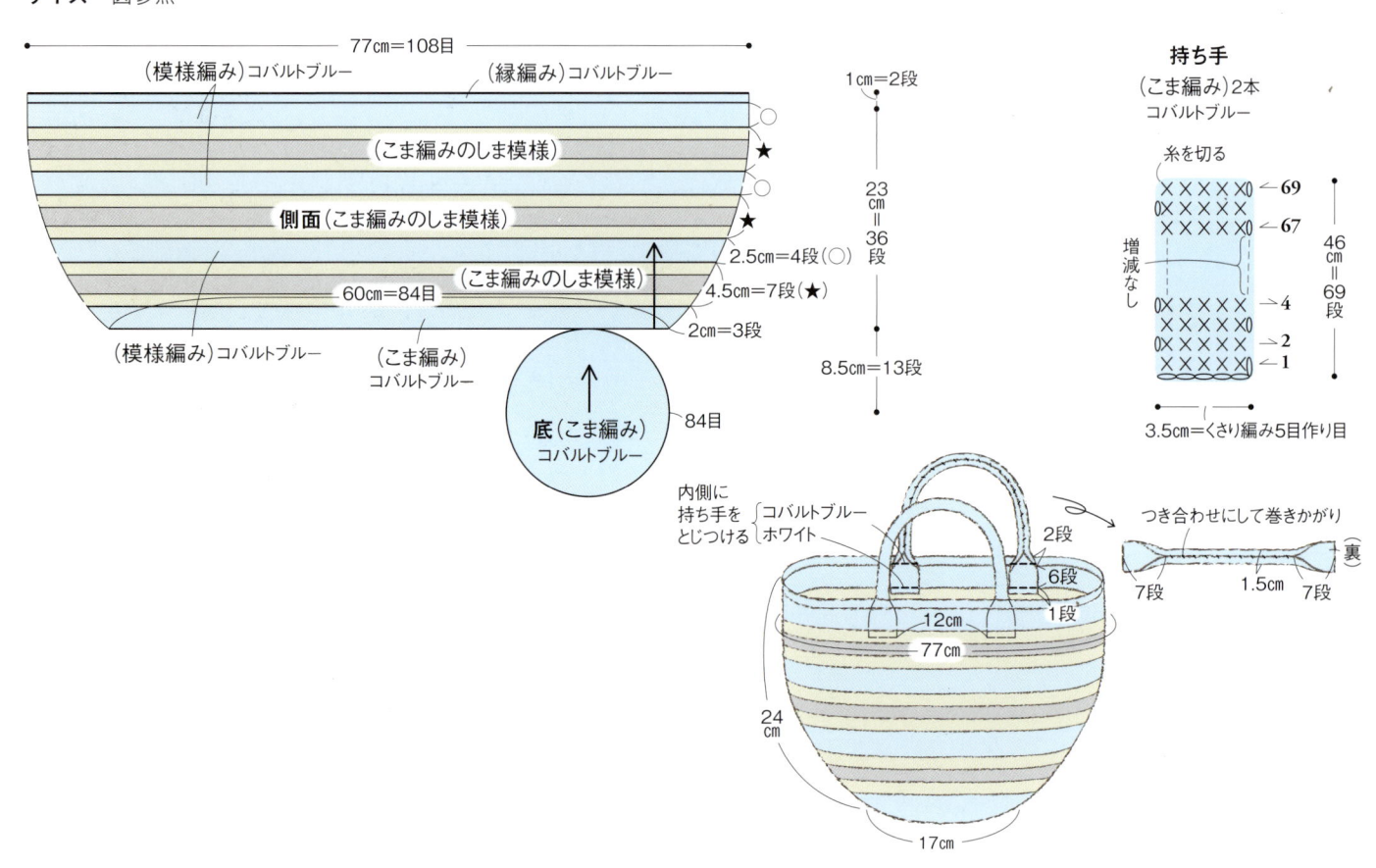

バックこま編みのすじ編みの編み方　※わかりやすいように糸の色をかえて解説しています。

① 立ち上がりのくさり1目を編み、かぎ針を手前側からまわして、前段の目の向こう側1本をすくう。

② 目から糸を引き出し、針に糸をかけ、矢印のように引き抜く。

③ こま編みのすじ編みが編めた。続けて右隣の目の向こう側1本にかぎ針を入れる。

④ 左側から右側に向かって編み進む。

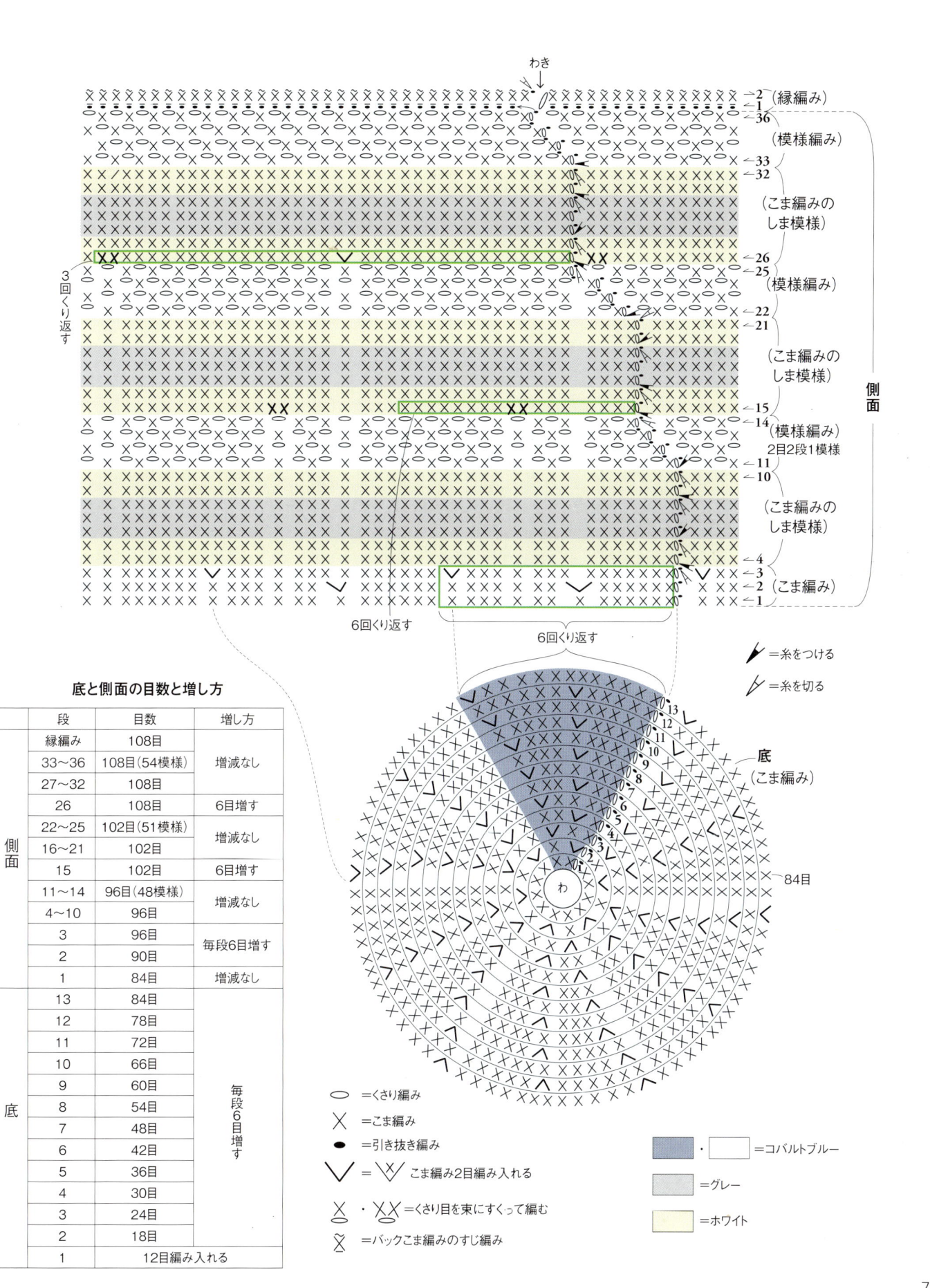

T. 引き揃え編みのバッグ 写真34・35ページ

◎用意するもの

糸	ハマナカ コマコマ（40g玉巻）
	a.ホワイト（1）、**b.**コバルトブルー（16）…各240g
	ハマナカ エコアンダリヤ《クロッシェ》（30g玉巻）
	a.レッド（805）、**b.**ホワイト（801）…各48g
針	ハマナカアミアミ両かぎ針ラクラク10/0号
ゲージ	こま編み　13目12段＝10cm四方
サイズ	図参照

◎編み方
糸はコマコマとエコアンダリヤ《クロッシェ》の各1本ずつを引き揃えた2本どりで編みます。

①底は糸端を輪にし、こま編みを8目編み入れます。2段めからは図のように増し目をしながら編みます。

②続けて側面をこま編みで増し目をしながら輪に編みます。

③入れ口と持ち手は指定の位置にくさり編み19目を作り目し、入れ口と持ち手を続けて、図のように編みます。

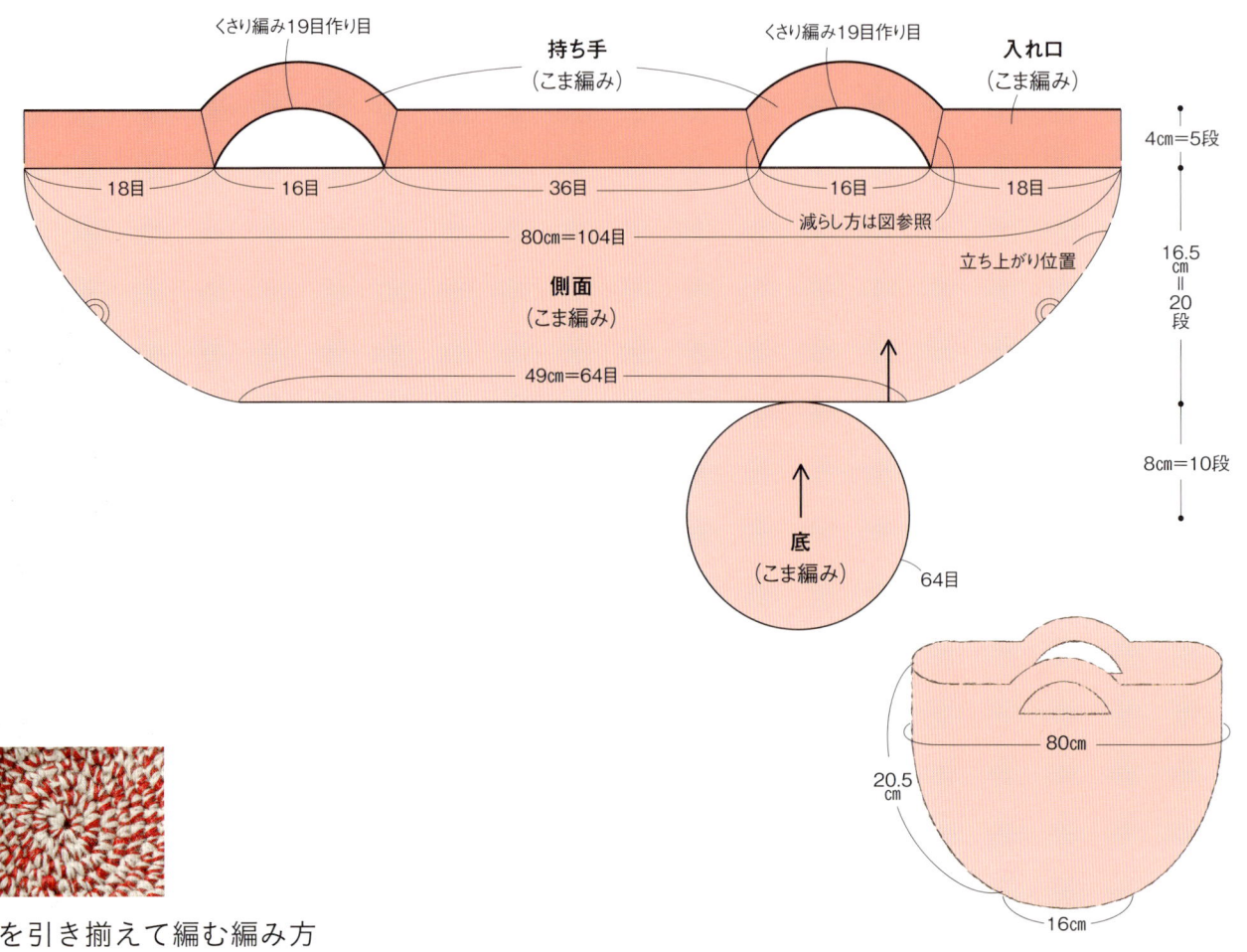

糸を引き揃えて編む編み方

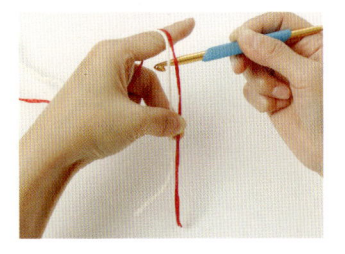

① 2本の糸を揃えて指にかける。

② 糸端を輪にする方法で2本一緒に作り目をし、かぎ針に糸をかけて引き出す。

③ くさり1目で立ち上がり、こま編みを編む。

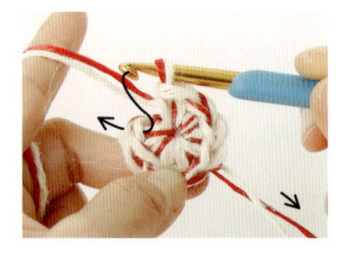

④ 1周したら1目めのこま編みの頭にかぎ針を入れて引き抜く。糸端を引き締める。

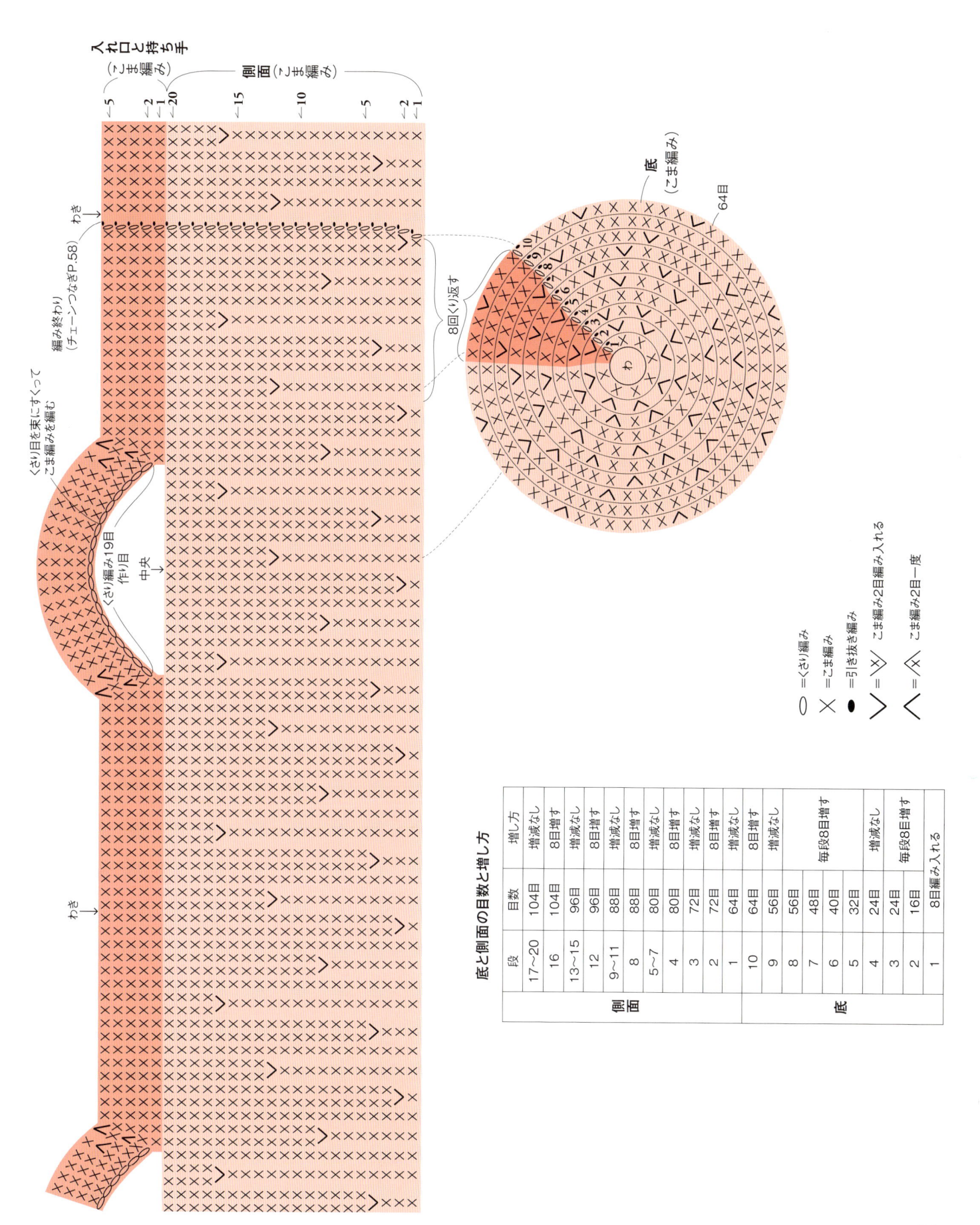

U. レザー底使いのバケツ型バッグ 写真36・37ページ

◎用意するもの

糸 ハマナカ コマコマ（40g玉巻） ベージュ（2）…385g

ハマナカ アプリコ（30g玉巻） アイボリー（1）…25g

オレンジ（3）…20g ターコイズブルー（13）、

マスタード（17）…各15g

針 ハマナカアミアミ両かぎ針ラクラク8/0号

その他 ハマナカレザー底（大） こげ茶 直径20cm（H204-616）
1枚

ゲージ 模様編みのしま模様（7段めから20段めまで）
1模様＝9cm 7.5段＝10cm

サイズ 図参照

◎編み方 糸は指定の配色、指定の本数で編みます。

①底はレザー底の60穴にこま編みを100目編みつけます。

②続けて側面を模様編みのしま模様で20段輪に編みます。

③持ち手は指定の位置から拾い目し、こま編みで増減なく往復に編みます。

④持ち手の合い印どうしをつき合わせにして巻きかがります。

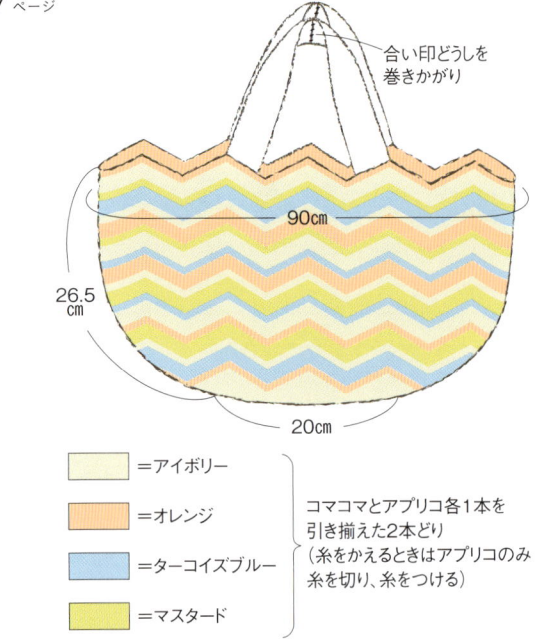

合い印どうしを巻きかがり

90cm

26.5cm

20cm

■ ＝アイボリー
■ ＝オレンジ
■ ＝ターコイズブルー
■ ＝マスタード
□ ＝コマコマ1本どり

コマコマとアプリコ各1本を引き揃えた2本どり
（糸をかえるときはアプリコのみ糸を切り、糸をつける）

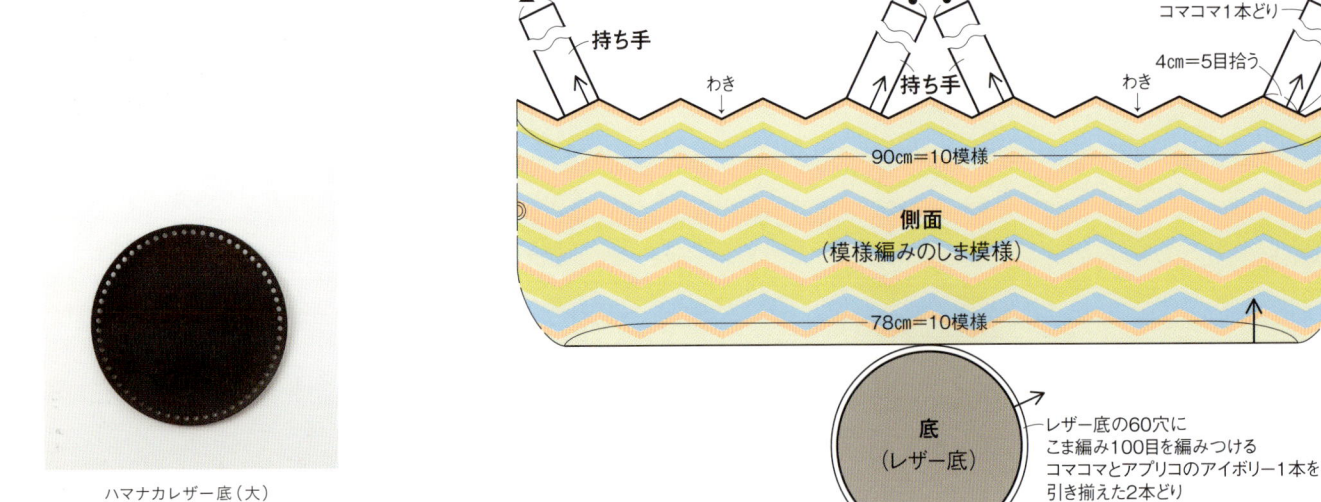

合い印どうしを巻きかがり

持ち手

わき

持ち手（こま編み）
コマコマ1本どり

4cm＝5目拾う

18cm＝26段

90cm＝10模様

わき

側面
（模様編みのしま模様）

78cm＝10模様

26.5cm＝20段

20cm

底
（レザー底）

レザー底の60穴にこま編み100目を編みつける
コマコマとアプリコのアイボリー1本を引き揃えた2本どり

ハマナカレザー底（大）

レザー底の編みつけ方

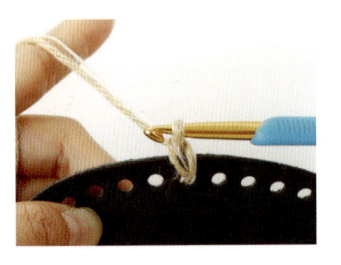

①レザー底の表面を見て編む。穴にかぎ針を入れて糸を引き出す。

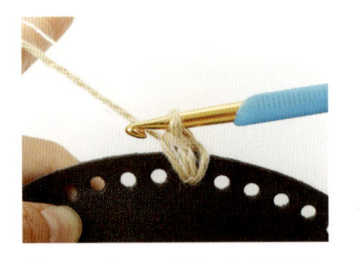

②立ち上がりのくさり目を編む。

③同じ穴にこま編みを1目編む。

④続けて左隣の穴から左方向にこま編み2目を2回、こま編み1目を1回くり返して1周する。

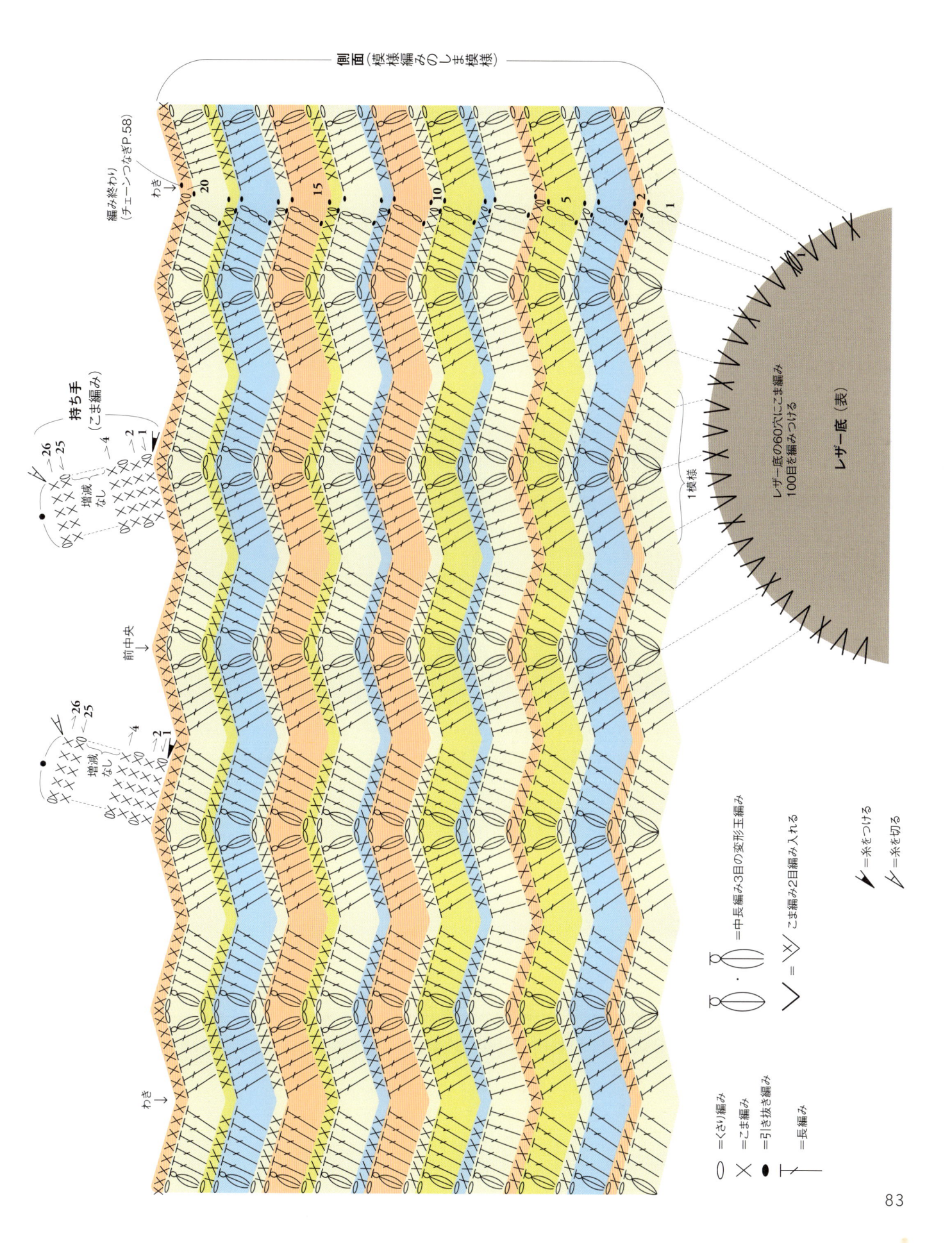

V. 引き揃え編みのスクエアバッグ　写真38・39ページ

◎用意するもの

糸　ハマナカ コマコマ（40g玉巻）
　　　a. ベージュ（2）… 115g　グリーン（4）… 105g
　　　b. ベージュ（2）… 115g　ブルー（5）… 105g
　　　ハマナカ エコアンダリヤ（40g玉巻）
　　　a. b. オフホワイト（168）… 各80g
針　ハマナカジャンボニー針8mm
ゲージ　こま編み　8.5目10段＝10cm四方
サイズ　図参照

◎編み方

糸はコマコマとエコアンダリヤ各1本を引き揃えた指定の2本どりで編みます。

①底はくさり編み14目を作り目し、こま編みで図のように増し目をしながら編みます。

②続けて側面をこま編みで増減なく輪に編み、糸を切ります。

③指定の位置に糸をつけ、持ち手の穴をあけながら1、2段めは往復に編んで糸を切ります。もう片方も同様に編んで糸を切ります。3段めは糸をつけ、持ち手の穴の部分はくさり編みを10目編みます。

④糸を続けて入れ口をこま編みで編みますが、最終段は引き抜き編みを編みます。

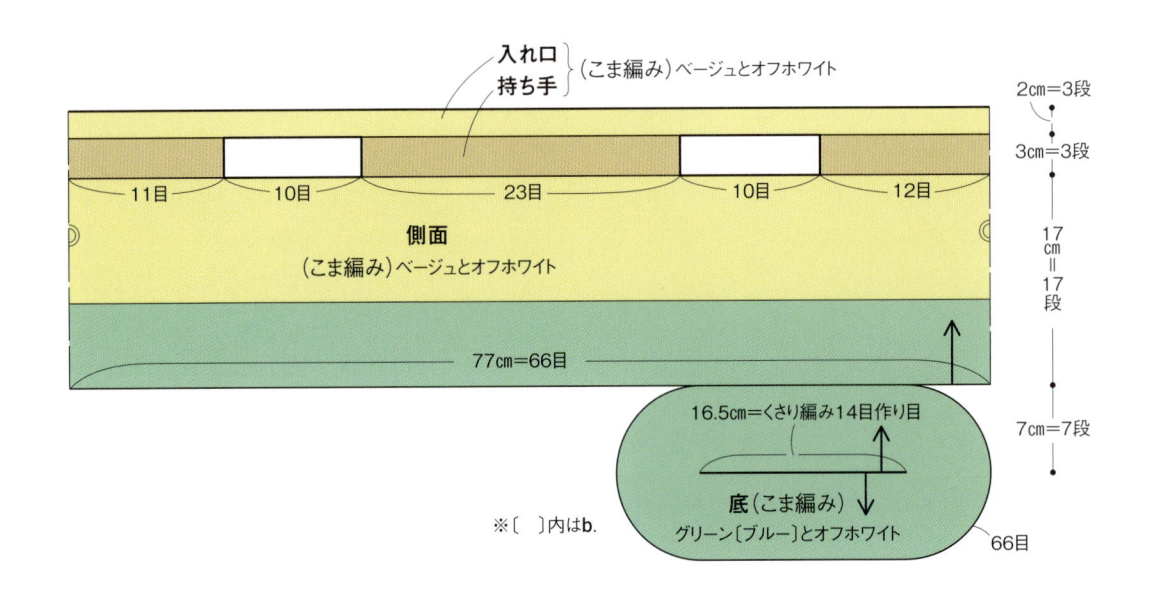

入れ口／持ち手（こま編み）ベージュとオフホワイト

11目　10目　23目　10目　12目

側面（こま編み）ベージュとオフホワイト

77cm＝66目

2cm＝3段　3cm＝3段　17cm＝17段　7cm＝7段

16.5cm＝くさり編み14目作り目

底（こま編み）グリーン〔ブルー〕とオフホワイト

66目

※〔　〕内は**b.**

くさり編みの作り目からの拾い方

① くさり編みの作り目を編み、立ち上がりのくさり編み1目を編む。矢印のようにくさり半目と裏山をすくう。

② こま編みを編む。続けて編み進む。

③ 角は1目に3目編み入れる。

④ 反対側はくさり編みの残りの半目をすくってこま編みを編む。

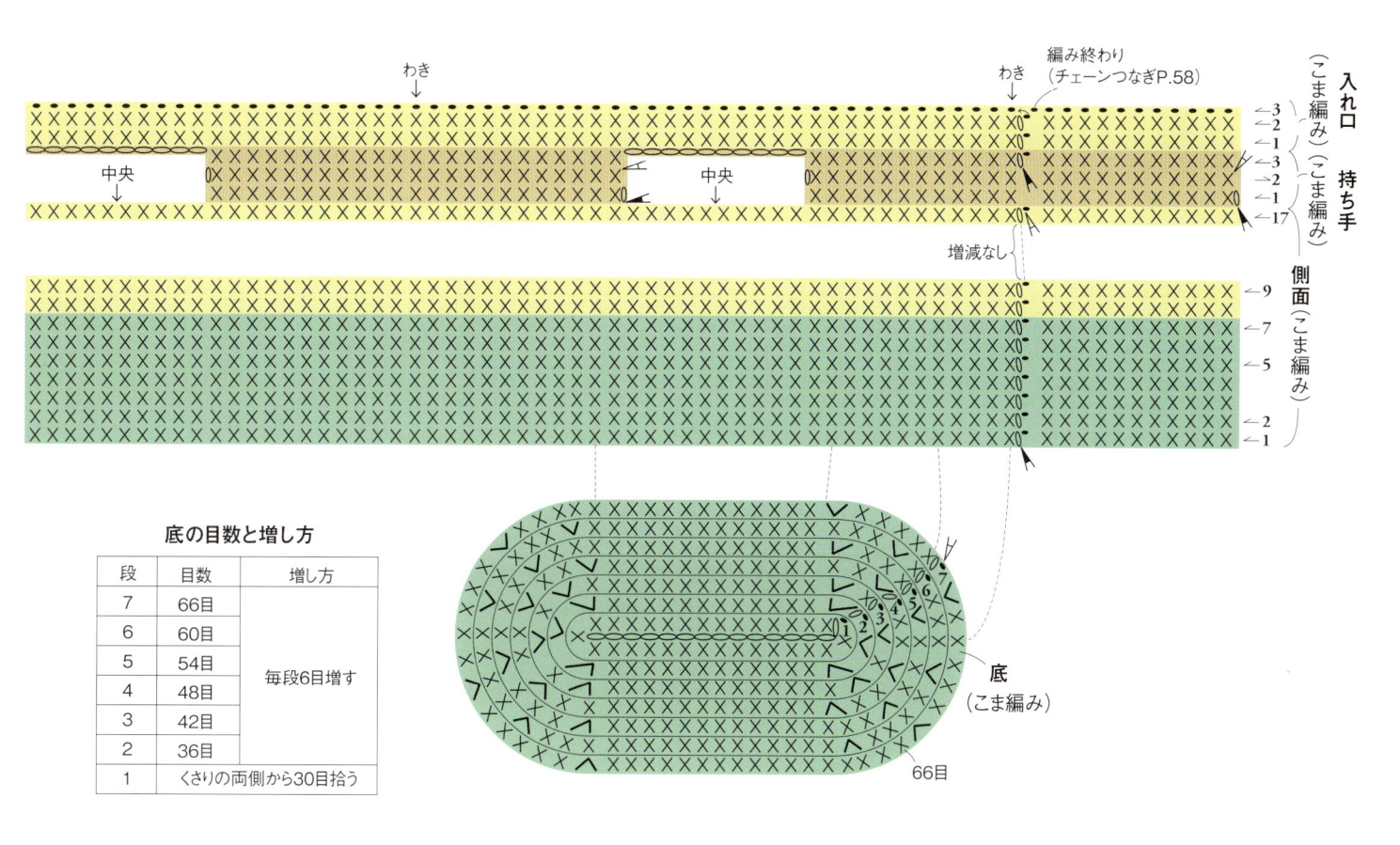

入れ口　持ち手

わき

編み終わり
（チェーンつなぎP.58）

わき

中央

中央

増減なし

側面
（こま編み）

→3
→2
→1
→3
→2
→1
→17

←9
←7
←5
←2
←1

底の目数と増し方

段	目数	増し方
7	66目	
6	60目	
5	54目	毎段6目増す
4	48目	
3	42目	
2	36目	
1	くさりの両側から30目拾う	

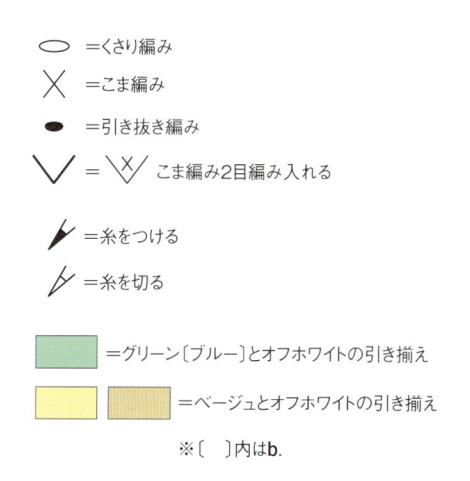

底
（こま編み）

66目

◯ =くさり編み

✕ =こま編み

● =引き抜き編み

✔ = こま編み2目編み入れる

✎ =糸をつける

✎ =糸を切る

▨ =グリーン〔ブルー〕とオフホワイトの引き揃え

▨ ▨ =ベージュとオフホワイトの引き揃え

※〔　〕内は**b.**

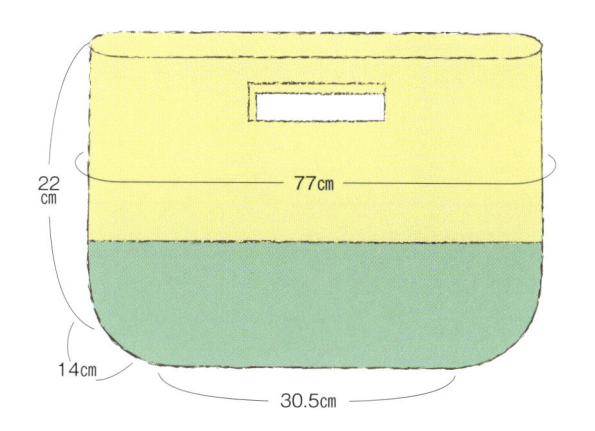

22cm

77cm

14cm

30.5cm

W. ステッチ使いのラウンドバッグ　写真40・41ページ

ハマナカ ラコラボ

◎用意するもの

糸	ハマナカ コマコマ（40g玉巻） **a.** ピンク（14）、**b.** ベージュ（2）…各250g
針	ハマナカアミアミ両かぎ針ラクラク8/0号
その他	ハマナカ ラコラボ **a.** H902-401-3、**b.** H902-401-8…各1巻
ゲージ	こま編み　14.5目16.5段＝10cm四方
サイズ	図参照

◎編み方　糸は1本どりで編みます。

①底は糸端を輪にし、こま編みを12目編み入れます。2段めからは図のように増し目をしながら編みます。

②続けて側面をこま編みで増し目をしながら輪に編み、最終段は引き抜き編みを編みます。

③ラコラボをたてに半分に裂き、入れ口に丸まらないように広げながら指定のように刺します。

④持ち手はくさり編み5目を作り目し、こま編みで往復に編み、つき合わせにして巻きかがります。

⑤持ち手を側面の内側にとじつけます。

ラコラボの刺し方

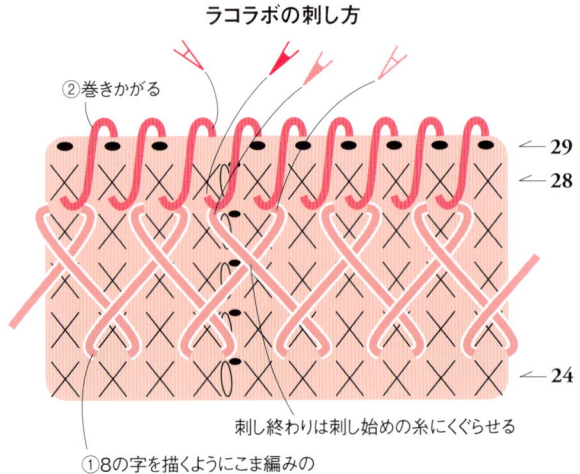

②巻きかがる

刺し終わりは刺し始めの糸にくぐらせる

①8の字を描くようにこま編みの目を1目おきにすくって通す

=刺し始め

=刺し終わり

側面
（こま編み）
a. ピンク　b. ベージュ

58cm＝84目

41cm＝60目

立ち上がり位置

17.5cm＝29段

5.5cm＝9段

底
（こま編み）
ベージュ　60目

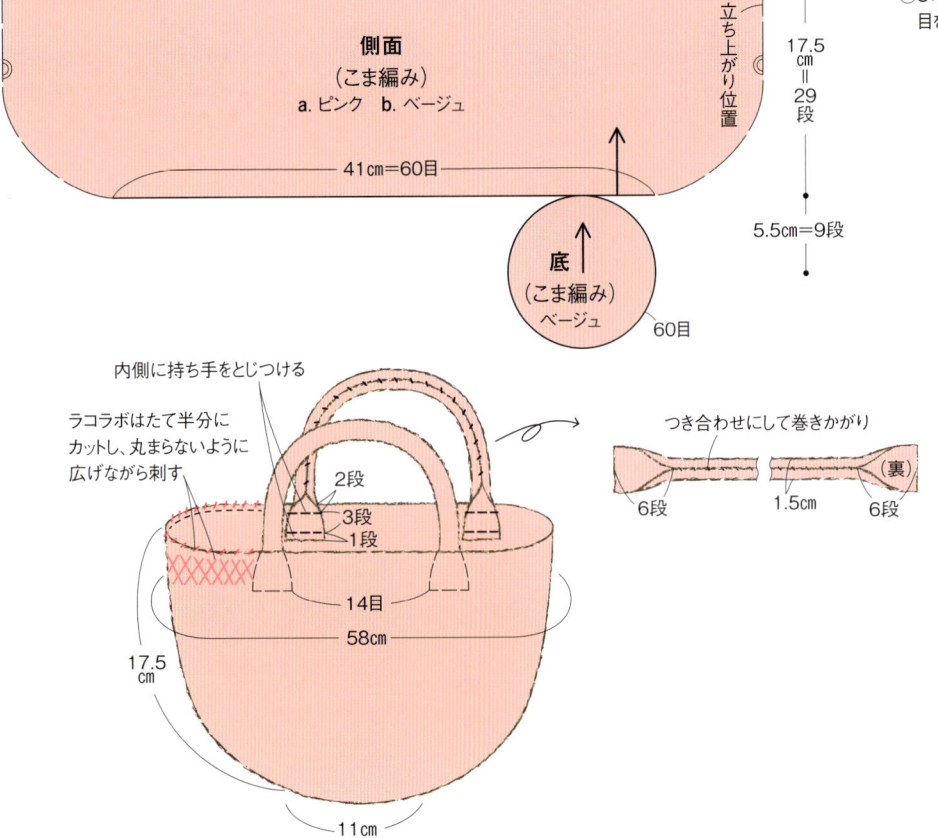

内側に持ち手をとじつける

ラコラボはたて半分にカットし、丸まらないように広げながら刺す

2段
3段
1段

14目

58cm

17.5cm

11cm

つき合わせにして巻きかがり

6段　1.5cm　6段　（裏）

持ち手

（こま編み）2本
a. ピンク　b. ベージュ

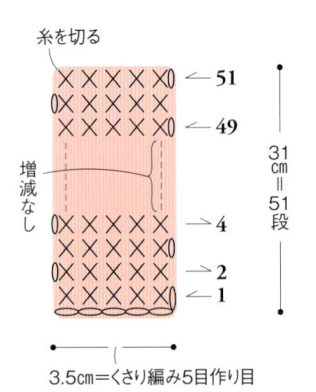

糸を切る

51
49
4
2
1

増減なし

31cm＝51段

3.5cm＝くさり編み5目作り目

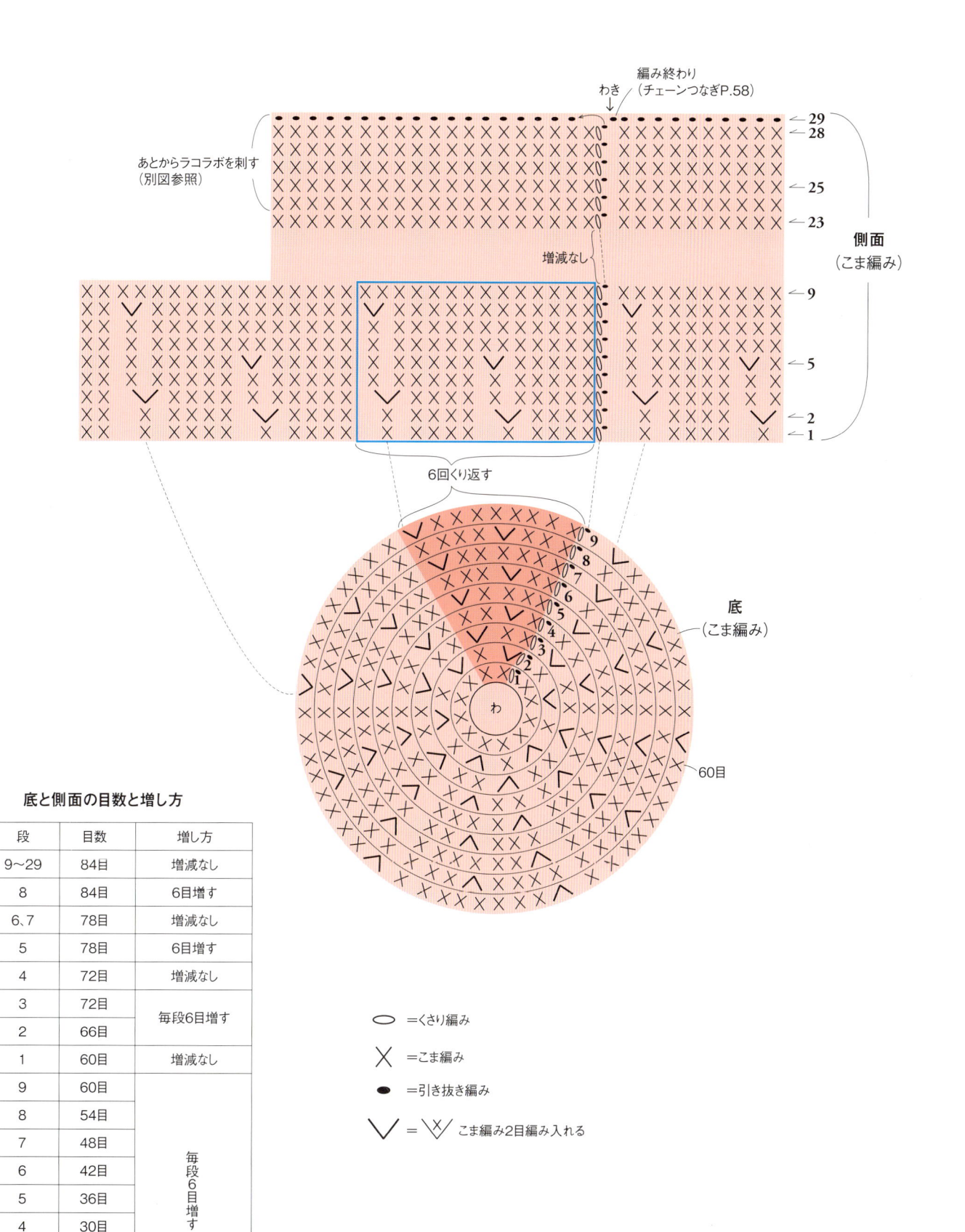

編み終わり（チェーンつなぎP.58）
わき
29
28
25
23
側面（こま編み）
あとからラコラボを刺す（別図参照）
増減なし
9
5
2
1
6回くり返す
底（こま編み）
60目
わ

○ ＝くさり編み

╳ ＝こま編み

● ＝引き抜き編み

∨ ＝ こま編み2目編み入れる

底と側面の目数と増し方

	段	目数	増し方
側面	9～29	84目	増減なし
	8	84目	6目増す
	6、7	78目	増減なし
	5	78目	6目増す
	4	72目	増減なし
	3	72目	毎段6目増す
	2	66目	
	1	60目	増減なし
底	9	60目	毎段6目増す
	8	54目	
	7	48目	
	6	42目	
	5	36目	
	4	30目	
	3	24目	
	2	18目	
	1	12目編み入れる	

ゴールドラインのバッグ 写真42ページ

◎用意するもの

糸 ハマナカ コマコマ（40g玉巻） ネイビー（11）…255g
ハマナカ エンペラー（25g玉巻） ゴールド（3）…5g

針 ハマナカアミアミ両かぎ針ラクラク8/0号

ゲージ こま編み14目15段＝10cm四方

サイズ 図参照

◎編み方 糸は指定以外はネイビー1本どりで編みます。

①底は糸端を輪にし、こま編みを6目編み入れます。2段めからは図のように増し目をしながら編みます。

②続けて側面をこま編みで増減なく輪に編みます。

③持ち手を編みます。21段めの指定の位置に新しく糸をつけ、くさり編みを40目作り目します。持ち手〈内側〉をこま編みで編み、次に休めておいた糸で側面から続けて、入れ口と持ち手〈外側〉を編みます。

④指定の位置にゴールド2本どりで1目ずつ引き抜き編みを編みつけます。

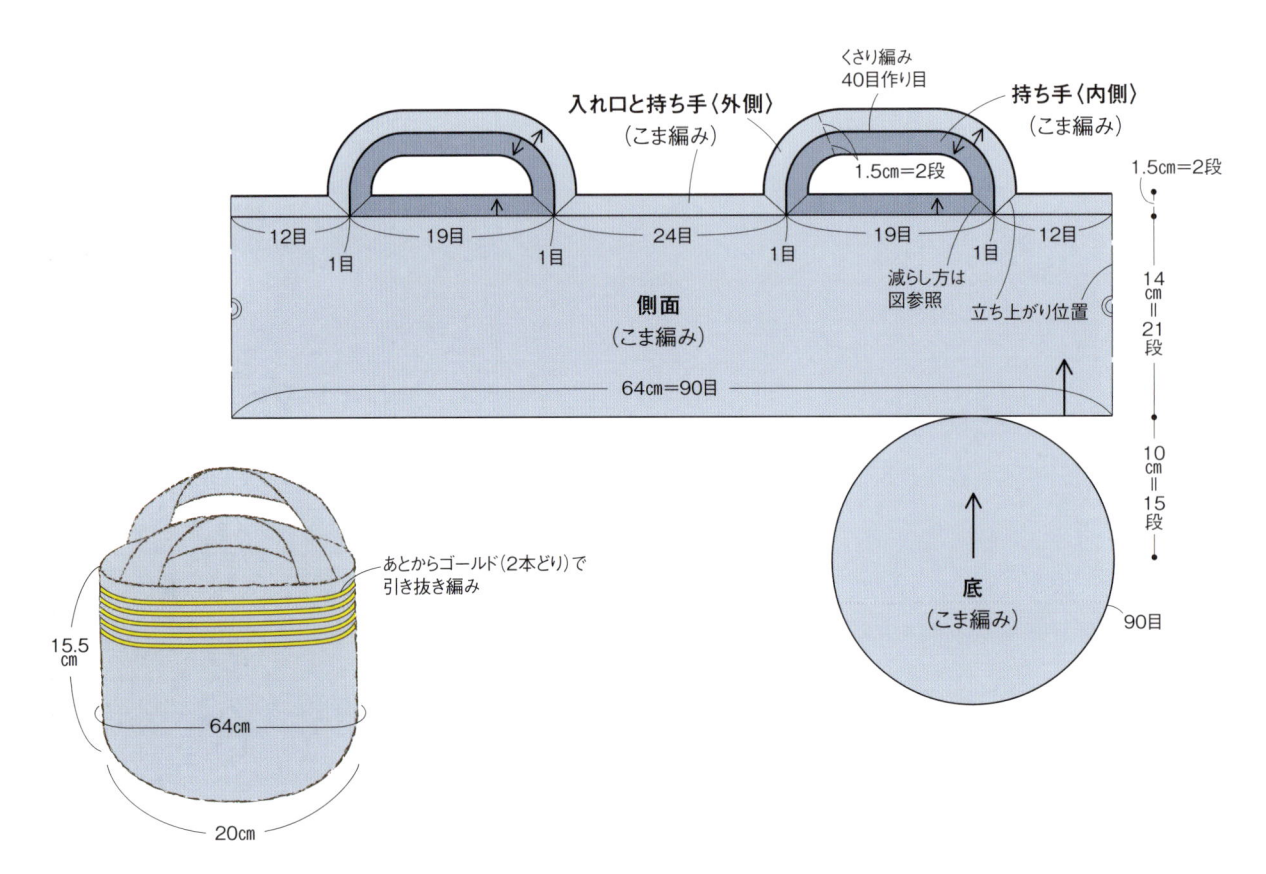

引き抜き編みの編み方

① 入れ口側から引き抜き編みを編む。編み地の裏側に糸を置き、表側からかぎ針を入れて糸を引き出す。となりの目に針を入れ1目ずつ引き抜く。

② 1目引き抜き編みが編めた。続けて1目ずつ引き抜く。

③ 目の大きさが揃うように糸の引き加減に気をつけて1周する。

④ 1周したら下の段にかぎ針を入れて続けて引き抜き、最後はチェーンつなぎ（P.58参照）の要領で1目作るようにして糸始末をする。

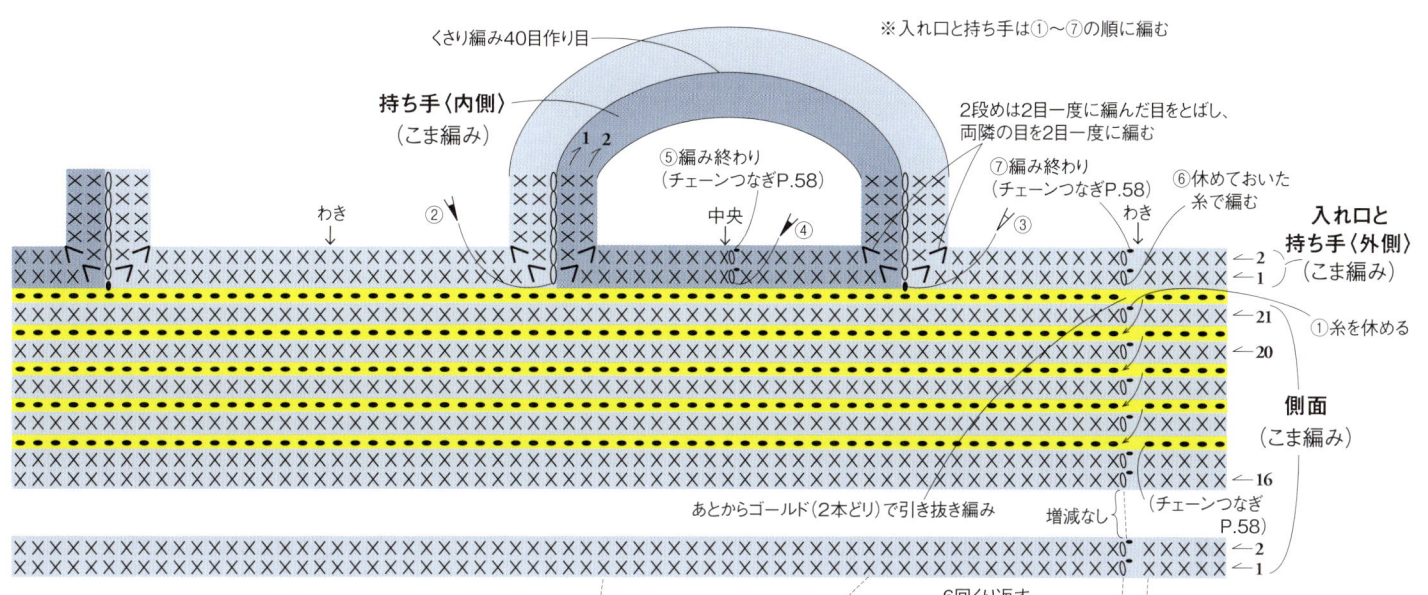

くさり編み40目作り目

※入れ口と持ち手は①～⑦の順に編む

持ち手〈内側〉
（こま編み）

1 2

⑤編み終わり
（チェーンつなぎP.58）
中央

2段めは2目一度に編んだ目をとばし、両隣の目を2目一度に編む

⑦編み終わり
（チェーンつなぎP.58）

⑥休めておいた糸で編む

入れ口と
持ち手〈外側〉
（こま編み）

わき

②

③

わき

← 2
← 1

①糸を休める

← 21
← 20

側面
（こま編み）

④

← 16

あとからゴールド（2本どり）で引き抜き編み

増減なし

（チェーンつなぎ
P.58）

← 2
← 1

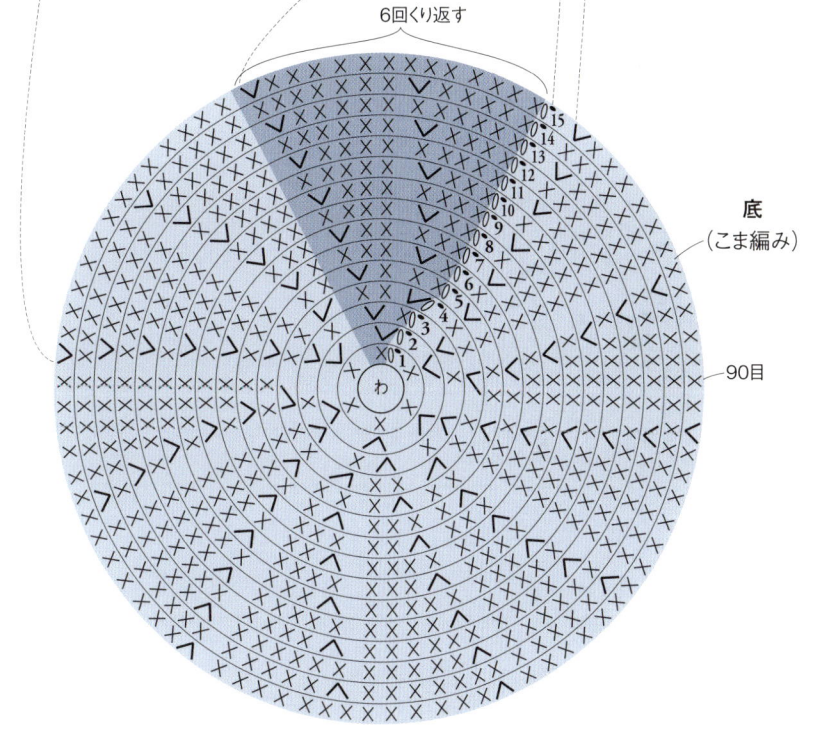

6回くり返す

底
（こま編み）

底の目数と増し方

段	目数	増し方
15	90目	毎段6目増す
14	84目	
13	78目	
12	72目	
11	66目	
10	60目	
9	54目	
8	48目	
7	42目	
6	36目	
5	30目	
4	24目	
3	18目	
2	12目	
1	6目編み入れる	

90目

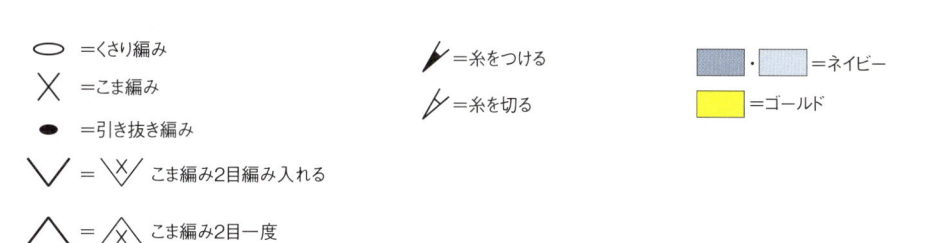

◯ ＝くさり編み

✕ ＝こま編み

● ＝引き抜き編み

∨ ＝ こま編み2目編み入れる

∧ ＝ こま編み2目一度

↗ ＝糸をつける

↗ ＝糸を切る

▨・▨ ＝ネイビー

▨ ＝ゴールド

89

Ｙ. フラワーモチーフのプチバッグ　写真43ページ

写真43ページ

◎用意するもの

糸	ハマナカ コマコマ（40g玉巻）
	モスグリーン（9）…210g
	ハマナカ ティノ（25g玉巻）
	グレー（16）…30g
針	ハマナカアミアミ両かぎ針ラクラク
	8/0号、5/0号、2/0号
その他	ハマナカアミュ・ニット用リングレース(サークル)
	カーキ（H906-010-3）24枚
ゲージ	こま編み　14目15.5段＝10cm四方
サイズ	図参照

ハマナカ アミュ・ニット用リングレース

◎編み方　糸は指定の本数を指定の針で編みます。

①底はくさり編み24目を作り目し、こま編みで図のように増し目を
　しながら編みます。

②続けて側面をこま編みで増し目をしながら輪に編み、縁編みＡを
　編みます。

③持ち手は内側が小さな弧になるようにくさり編みをきつめに作り
　目し、こま編みで3段編み、まわりに縁編みＢを編みます。

④持ち手を内側にとじつけます。

⑤ベルトはリングレースのまわりに編みつけながら作ります。

⑥側面の両わきにベルト通しを編みつけ、ベルトを通します。

⑦飾りをリングレースで作り、後ろ側にとじつけます。

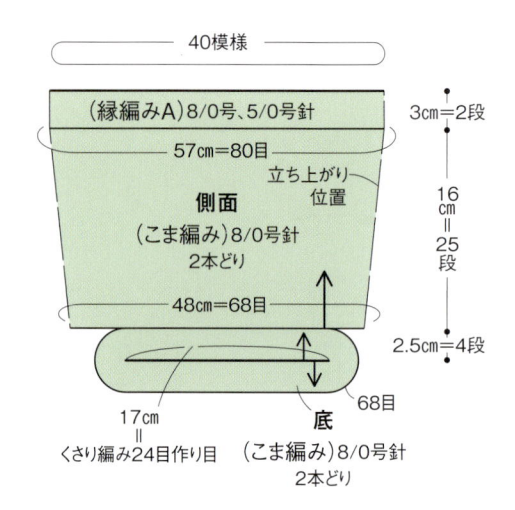

40模様

（縁編みＡ）8/0号、5/0号針
57cm＝80目
立ち上がり位置
3cm＝2段

側面
（こま編み）8/0号針
2本どり
16＝25段

48cm＝68目
2.5cm＝4段

17cm＝くさり編み24目作り目
底（こま編み）8/0号針　2本どり
68目

前側

持ち手を内側に
とじつける
5cm
10cm
57cm
19cm
22cm
5cm
ベルトを通す

後ろ側

2.5cm
飾りをとじつける
2.5cm

飾り　1枚
グレー1本どり　2/0号針
リングレース1枚
4cm

ベルト　1本
グレー1本どり　2/0号針

ベルト先飾り
リングレース1枚
④
14cm＝くさり編み45目
③
3cm

ベルト
リングレース21枚
②
①
59cm

14cm＝くさり編み45目
⑤
⑥
ベルト先飾り
リングレース1枚
3cm

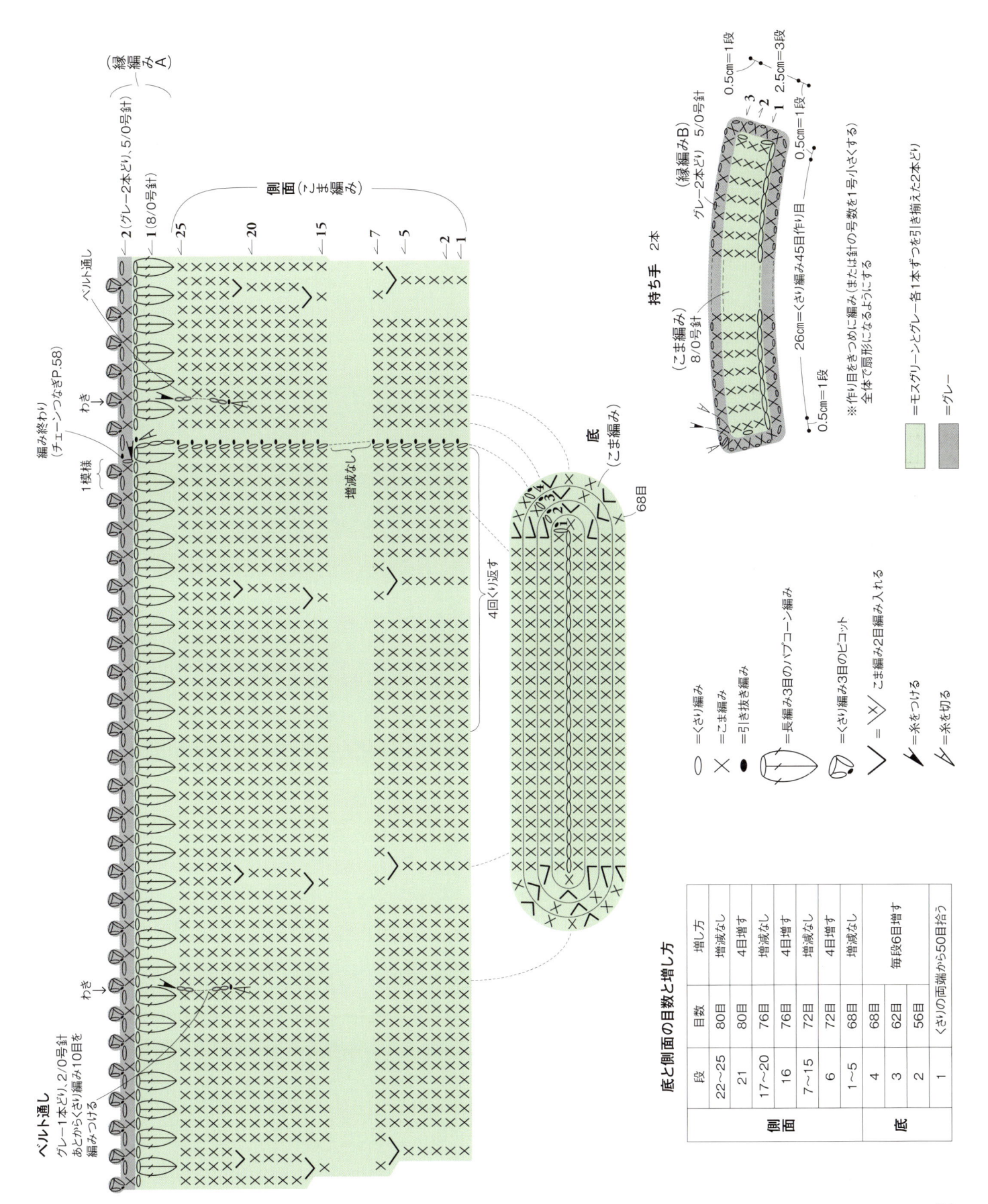

（縁編みA）

ベルト通し
2（グレー2本どり、5/0号針）
1（8/0号針）

側面（こま編み）
25
20
15
7
5
2
1

編み終わり
（チェーンつなぎP.58）

1模様

増減なし

4回くり返す

底（こま編み）
68目

ベルト通し
グレー1本どり、2/0号針
あとからくさり編み10目を
編みつける

わき

わき

（縁編みB）　5/0号針

持ち手　2本

（縁編みB）　5/0号針
グレー2本どり

0.5cm=1段
3
2
1
2.5cm=3段
0.5cm=1段

（こま編み）
8/0号針

26cm＝くさり編み45目作り目

0.5cm=1段
0.5cm=1段

※作り目をきつめに編むまたは針の号数を1号小さくする
全体で扁平になるようにする

＝モスグリーンとグレー　各1本ずつを引き揃えた2本どり

□ ＝モスグリーン
□ ＝グレー

底と側面の目数と増し方

	段	目数	増し方
側面	22〜25	80目	増減なし
	21	80目	4目増す
	17〜20	76目	増減なし
	16	76目	4目増す
	7〜15	72目	増減なし
	6	72目	4目増す
	1〜5	68目	増減なし
底	4	68目	増減なし
	3	62目	毎段6目増す
	2	56目	
	1		くさりの両端から50目拾う

○ ＝くさり編み
✕ ＝こま編み
● ＝引き抜き編み
＝長編み3目のパプコーン編み
＝くさり編み3目のピコット
V＝✕ こま編み2目編み入れる
＝糸をつける
＝糸を切る

91

かぎ針編みの基礎

［編み目記号］

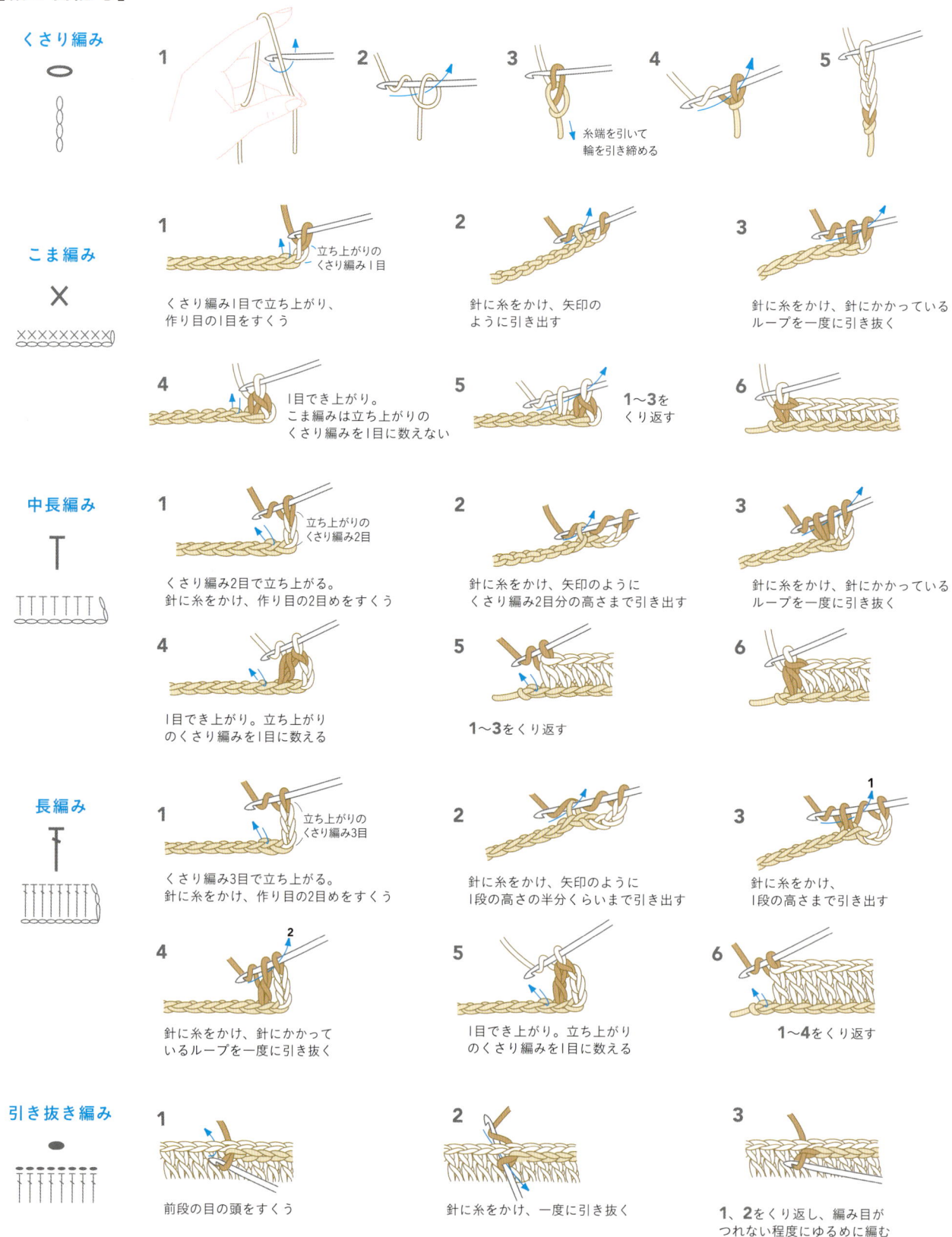

くさり編み

1

2

3　糸端を引いて輪を引き締める

4

5

こま編み

1　くさり編み1目で立ち上がり、作り目の1目をすくう

2　針に糸をかけ、矢印のように引き出す

3　針に糸をかけ、針にかかっているループを一度に引き抜く

4　1目でき上がり。こま編みは立ち上がりのくさり編みを1目に数えない

5　**1〜3**をくり返す

6

中長編み

1　くさり編み2目で立ち上がる。針に糸をかけ、作り目の2目めをすくう

2　針に糸をかけ、矢印のようにくさり編み2目分の高さまで引き出す

3　針に糸をかけ、針にかかっているループを一度に引き抜く

4　1目でき上がり。立ち上がりのくさり編みを1目に数える

5　**1〜3**をくり返す

6

長編み

1　くさり編み3目で立ち上がる。針に糸をかけ、作り目の2目めをすくう

2　針に糸をかけ、矢印のように1段の高さの半分くらいまで引き出す

3　針に糸をかけ、1段の高さまで引き出す

4　針に糸をかけ、針にかかっているループを一度に引き抜く

5　1目でき上がり。立ち上がりのくさり編みを1目に数える

6　**1〜4**をくり返す

引き抜き編み

1　前段の目の頭をすくう

2　針に糸をかけ、一度に引き抜く

3　**1、2**をくり返し、編み目がつれない程度にゆるめに編む

長々編み

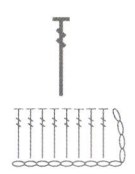

1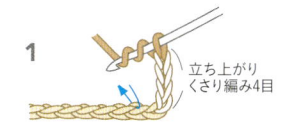
立ち上がり
くさり編み4目

くさり編み4目で立ち上がる。
針に糸を2回かけ、作り目の2目めをすくう

2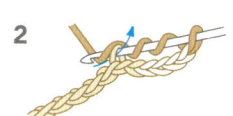
針に糸をかけ、矢印のように
1段の高さの1/3くらいまで引き出す

3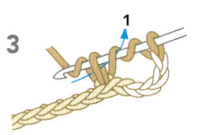
針に糸をかけ、
2つのループを引き抜く

4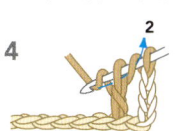
針に糸をかけ、
2つのループを引き抜く

5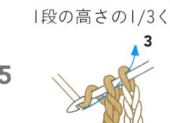
針に糸をかけて残りの2つの
ループを引き抜く

6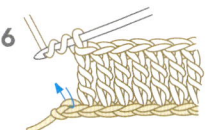
1〜5をくり返す。立ち上がり
のくさり編みを1目に数える

こま編み 2目編み入れる

1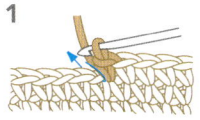
こま編みを1目編み、
同じ目にもう一度編む

2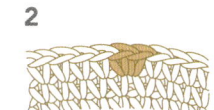
1目増える

こま編み 3目編み入れる

 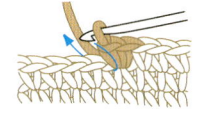

「こま編み2目編み入れる」の要領で
同じ目に3度針を入れてこま編みを編む

長編み 2目編み入れる

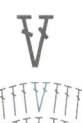

1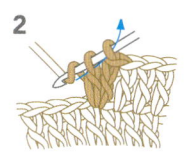
長編みを1目編み、
同じ目にもう一度針を
入れる

2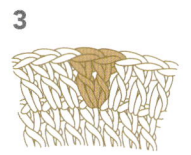
目の高さを揃えて
長編みを編む

3
1目増える

※編み入れる目数が増えても、
同じ要領で編む

こま編み2目一度

1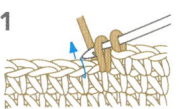
1目めの糸を引き出し、
続けて次の目から糸を
引き出す

2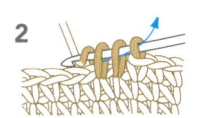
針に糸をかけ、針に
かかっているすべての
ループを一度に引き抜く

3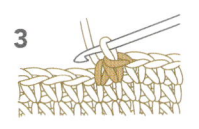
こま編み
2目が1目になる

長編み3目一度

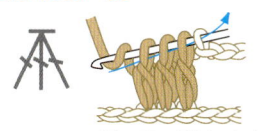

2目一度の要領で未完成の
長編み3目を一度に編む

長編み2目一度

1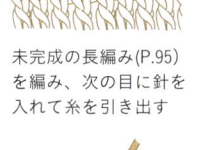
未完成の長編み(P.95)
を編み、次の目に針を
入れて糸を引き出す

2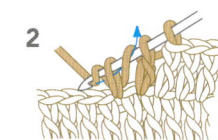
未完成の長編みを編む

3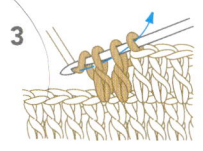
2目の高さを揃え、
一度に引き抜く

4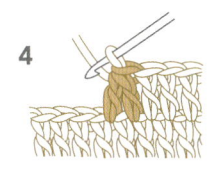
長編み2目が1目になる

こま編みの すじ編み

1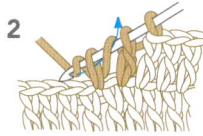
前段のこま編みの頭の
向こう側の1本だけを
すくい、針に糸をかけて
引き出す

2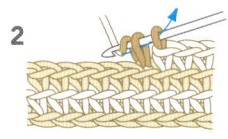
こま編みを編む

3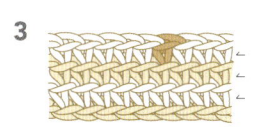
前段の目の手前側の1本の
糸が残ってすじができる

 **こま編み 裏引き上げ編み**

1

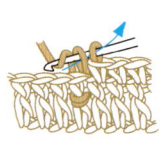

向こう側から矢印のように 針を入れて前段の柱をすく い、糸をゆるめに引き出す

2

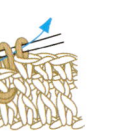

こま編みと同じ要領 で編む

3

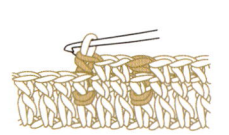

でき上がり

バックこま編み

1

くさり1目

針を手前側からまわして 矢印のようにすくう

2

針に糸をかけて 矢印のように引き出す

3

針に糸をかけ、 2つのループを引き抜く

4

1～3をくり返し、 左側から右側へ編み進む

5

中長編み3目の 玉編み

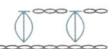

1

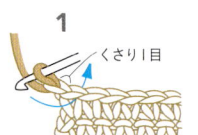

針に糸をかけ、矢印のように 針を入れ、糸を引き出す （未完成の中長編み）

2

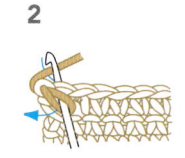

同じ目に未完成の 中長編みを編む

3

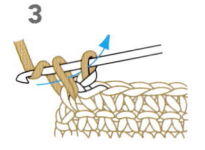

同じ目に未完成の中長編みを もう1目編み、3目の高さを揃え、 一度に引き抜く

4

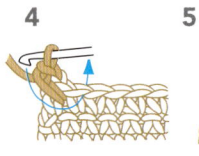

中長編み3目の 変形玉編み

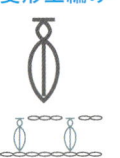

1

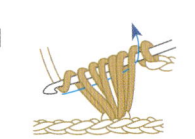

中長編み3目の玉編み の要領で針に糸をかけ、 矢印のように引き抜く

2

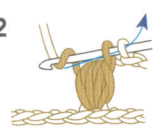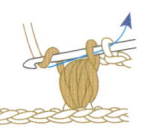

針に糸をかけ、2本の ループを一度に引き抜く

3

中長編み2目の 玉編み

※「中長編み3目の玉編み」 と同じ要領で中長編み を2目に変えて編む

長編み3目の 玉編み

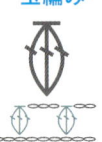

1

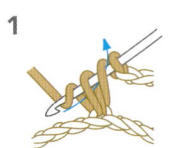

長編みの途中まで編む （未完成の長編み）

2

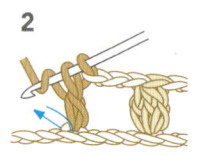

同じ目に 未完成の長編みを編む

3

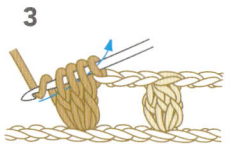

同じ目に未完成の長編みを もう1目編み、3目の高さを 揃え、一度に引き抜く

長編み2目の 玉編み

※「長編み3目の玉編み」 と同じ要領で長編みを 2目に変えて編む

長編み5目の パプコーン編み

1

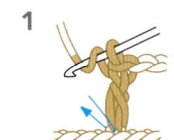

同じ目に長編みを 5目編み入れる

2

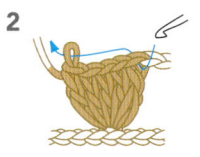

針を抜き、矢印のよう に1目めから入れ直す

3

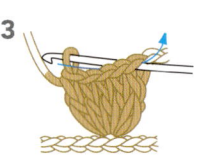

矢印のように 目を引き出す

4

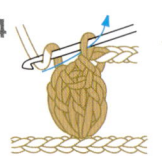

くさり3目

針に糸をかけ、くさり編みの要領で 1目編む。この目が頭になる

**くさり3目の
ピコット**

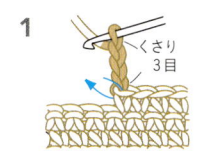

1 くさり編みを3目編む。
矢印のようにこま編みの頭半
目と柱の糸1本をすくう

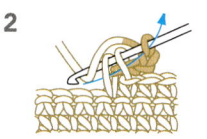

2 針に糸をかけ、全部の糸を
一度にきつめに引き抜く

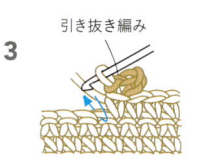

引き抜き編み

3 でき上がり。
次の目にこま編みを編む

[編み始め]

・くさり編みの作り目に編みつける方法（くさり編みの半目と裏側の山をすくう方法）

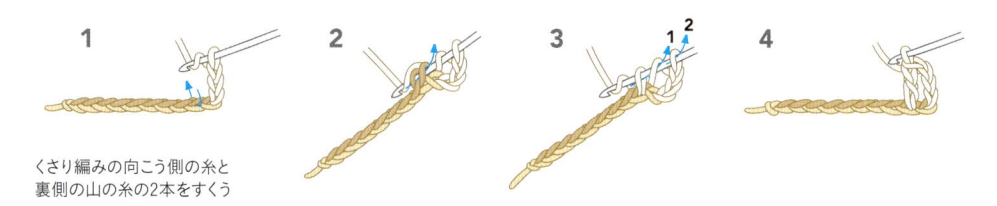

1 くさり編みの向こう側の糸と
裏側の山の糸の2本をすくう

2　**3**　**4**

・ 糸端を輪にする作り目（1回巻き）

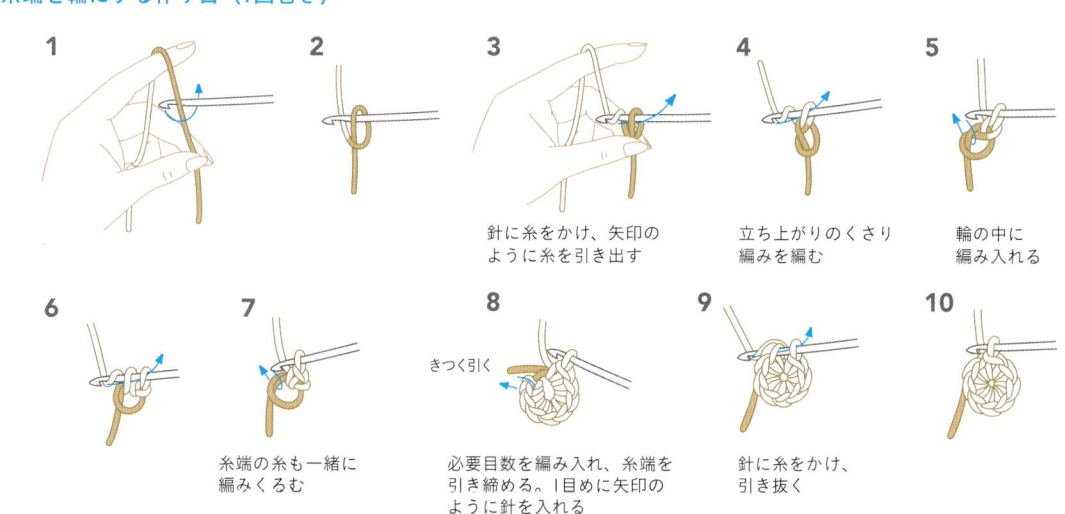

1　**2**

3 針に糸をかけ、矢印の
ように糸を引き出す

4 立ち上がりのくさり
編みを編む

5 輪の中に
編み入れる

6

7 糸端の糸も一緒に
編みくるむ

8 きつく引く
必要目数を編み入れ、糸端を
引き締める。1目めに矢印の
ように針を入れる

9 針に糸をかけ、
引き抜く

10

・こま編みのすじ編みの編み込み模様の編み方（渡す糸を編みくるむ）

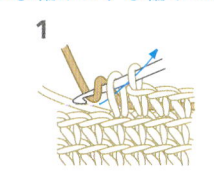

1 糸をかえる時は、1目手前の目を引き
抜く時にかえ、編まない方の糸を沿
わせる

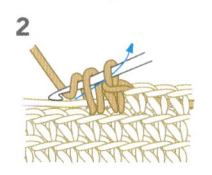

2 編まない方の糸を編みくるみながら
こま編みのすじ編みを編む

※ 編み込みを編む段は編み地の右端から左端まで、
地糸または配色糸のどちらかを編みくるみながら編む
（編み地に均一の厚みが出る）

[巻きかがり]

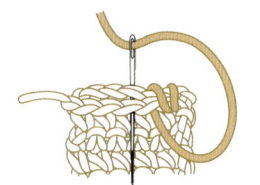

編み地を合わせ、こま編みの
頭2本を1目ずつすくっていく

未完成の編み目

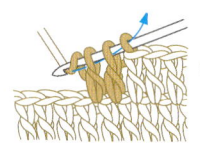

（長編み2目一度の場合）

※ 記号の編み目の最後の
引き抜く操作をしない、
針にループを残した状態を、
「未完成の編み目」という。
2目一度、3目一度や玉編み
などを編む時の操作の途中で
使う。

▽ と ▽ の区別

根元が
ついている場合

前段の1目に
針を入れる

根元が
離れている場合

前段のくさり編みの
ループを束にすくう

Staff

作品デザイン	青木恵理子
	Ami
	今村曜子
	erico
	風工房
	金子祥子
	河合真弓
	城戸珠美
	すぎやまとも
	野口智子
	橋本真由子
	Ronique（ロニーク）
ブックデザイン	渡部浩美
撮影	馬場わかな（カバー、口絵）
	中辻 渉（プロセス、キリヌキ）
スタイリング	鍵山奈美
ヘアメイク	廣瀬瑠美
モデル	Alice
トレース	大楽里美（day studio）
	白くま工房
編集	佐藤周子（リトルバード）
編集デスク	朝日新聞出版　生活・文化編集部（森 香織）

撮影協力

●アワビーズ
☎ 03-5786-1600

●エイチ・プロダクト・デイリーウェア
☎ 03-6427-8867
【ハンズ オブ クリエイション】
（p.17 ワンピース、p.19 プルオーバー、パンツ、p.23 ジャケット、ワンピース、
p.39 ブラウス、パンツ、p.41 ドットワンピース、前あきワンピース）

糸、材料

[ハマナカ株式会社]
京都本社
〒616-8585　京都市右京区花園薮ノ下町2番地の3
☎ 075-463-5151（代表）
東京支店
〒103-0007　東京都中央区日本橋浜町1丁目11番10号
☎ 03-3864-5151（代表）
http://www.hamanaka.co.jp
E-mail info@hamanaka.co.jp

印刷物のため、作品の色は実際とは多少異なる場合があります。
※材料の表記は2016年2月現在です。

麻ひもで編むバッグ

編　著　朝日新聞出版
発行者　須田剛
発行所　朝日新聞出版
　　　　〒104-8011　東京都中央区築地5-3-2
　　　　☎（03）5541-8996（編集）
　　　　☎（03）5540-7793（販売）
印刷所　図書印刷株式会社
©2016 Asahi Shimbun Publications Inc.
Published in Japan by Asahi Shimbun Publications Inc.
ISBN 978-4-02-333069-6